Dr. Oetker

Blitz
Pasta

Dr. Oetker

Blitz Pasta

Dr. Oetker Verlag

Vorwort

Sie kommen von der Arbeit, die Kinder aus der Schule oder dem Kindergarten, alle haben Hunger und jetzt soll es blitzschnell gehen?

Nudeln sind schnell gekocht, aber die Sauce, die dauert meist länger. Jetzt gibt es über 40 Rezepte, mit selbstgemachter Sauce, die in maximal 30 Minuten fertig auf dem Tisch stehen. Nur das Essen geht noch schneller!

Klassiker wie Spaghetti Carbonara, Spirelli Bolognese und Farfalle mit Basilikum-Pesto, die zu den TopTen der Pastagerichte gehören, schmecken allen. Aber auch Nudelgerichte mit arabischem, griechischem oder asiatischem Einschlag werden Ihr Repertoire bereichern.

Pfiffige Rezeptabwandlungen sorgen für Abwechslung und erfreuen große und kleine Genießer.

Erliegen Sie dem Zauber des Schnellen, den Ruck-Zuck-Rezepten in diesem Buch.

Alle Rezepte wurden ausprobiert und so beschrieben, dass sie leicht nachzukochen sind.

TopTen

1.

Spaghetti Carbonara

2.

Breite Bandnudeln
mit Pilz-Sahne-Sauce

3.

Spirelli Bolognese

4.

Grüne Bandnudeln mit
Lachs und Spinat

5.

Rigatoni mit
Tomaten-Basilikum-Sauce

6.
Farfalle mit
Basilikum-Pesto

7.
Tortellini mit Gorgonzola-Sauce
und Walnüssen

8.
Penne mit
Vier-Käse-Sauce

9.
Ravioli (aus
dem Kühlregal)
mit Salbei-Butter

10.
Linguine mit Zucchini-
und Schafskäsewürfeln

Top

4 Portionen • Pro Portion:
E: 29 g, F: 33 g, Kh: 73 g, kJ: 2980, kcal: 713, BE: 6,0

Spaghetti Carbonara
Für den großen Hunger

Zutaten: 4 l Wasser • 4 gestr. TL Salz • 400 g Spaghetti • 75 g ger. Parmesan • 200 g Schlagsahne •
4 Eier (Größe M) • Salz • gem. bunter Pfeffer • 75 g Frühstücksspeck, in feinen Scheiben (Bacon) •
2 EL glatte Petersilie, in feinen Streifen (frisch oder TK)

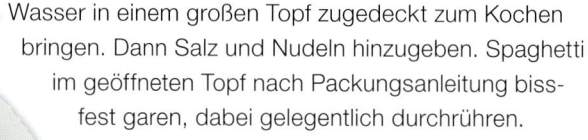

1. Wasser in einem großen Topf zugedeckt zum Kochen bringen. Dann Salz und Nudeln hinzugeben. Spaghetti im geöffneten Topf nach Packungsanleitung biss-fest garen, dabei gelegentlich durchrühren.

2. In der Zwischenzeit Parmesan, Sahne und Eier verschlagen, mit etwas Salz und Pfeffer würzen.

3. Speckscheiben in grobe Streifen schneiden, in einer großen, beschichte-ten Pfanne knusprig ausbraten, heraus-nehmen und auf Küchenpapier abtropfen lassen.

4. Die garen Nudeln in ein Sieb geben, mit heißem Wasser abspülen und abtrop-fen lassen. Spaghetti zum Speckfett in die Pfanne geben. Die Eiersahne hinzugießen, unter ständigem Rühren bei schwacher Hitze erwärmen, bis die Sauce leicht bindet (nicht ko-chen lassen, sonst stockt das Ei!).

5. Die Speckstreifen hinzugeben und kurz untermischen. Spaghetti Carbonara auf Tellern anrichten und mit Petersilie bestreut servieren.

Top

4 Portionen • Pro Portion:
E: 26 g, F: 35 g, Kh: 83 g, kJ: 3177, kcal: 761, BE: 7,0

Breite Bandnudeln mit Pilz-Sahne-Sauce
Darauf freuen sich Gäste

Zutaten: 4–5 l Wasser • 750 g Champignons, z. B. rosé Champignons • 1 Knoblauchzehe • 4–5 gestr. TL Salz • 400–500 g breite Bandnudeln • 3–4 EL Olivenöl • 2 EL Zwiebelwürfel (frisch oder TK) • Salz • gem. Pfeffer • 150 g Crème fraîche • 125 g Schlagsahne • 50 g frisch ger. Parmesan • 2 EL Schnittlauchröllchen (frisch oder TK)

1. Wasser in einem großen Topf zugedeckt zum Kochen bringen.

2. In der Zwischenzeit Champignons putzen, evtl. kurz abspülen, trocken tupfen und in Scheiben schneiden. Knoblauch abziehen.

3. Salz und Nudeln ins kochende Wasser geben. Die Nudeln im geöffneten Topf bei mittlerer Hitze nach Packungsanleitung bissfest garen, dabei gelegentlich umrühren.

4. Olivenöl in einem Topf erhitzen. Zwiebelwürfel darin andünsten. Knoblauch durch eine Knoblauchpresse drücken, hinzugeben und mitdünsten lassen. Die Champignonscheiben hinzufügen und unter Rühren bei starker Hitze braten, bis die Flüssigkeit fast verdampft ist. Mit Salz und Pfeffer würzen.

5. Crème fraîche, Sahne und Parmesan verrühren, zu den Champignonscheiben in den Topf geben und unter Rühren aufkochen lassen. Die Sauce mit Salz und Pfeffer abschmecken.

6. Anschließend die garen Nudeln in ein Sieb geben, mit heißem Wasser abspülen und abtropfen lassen. Die Nudeln mit der Pilz-Sahne-Sauce vermengen und kurz erhitzen. Mit Schnittlauchröllchen garnieren und sofort servieren.

Zubereitungszeit: 25 Minuten

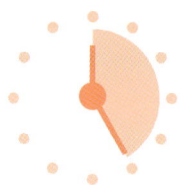

4 Portionen • Pro Portion:
E: 40 g, F: 30 g, Kh: 91 g, kJ: 3333, kcal: 795, BE: 7,5

Spirelli Bolognese
Klassisch – für Kinder

Zutaten: 4–5 l Wasser • 3 EL Olivenöl • 3 EL Zwiebelwürfel (frisch oder TK) • 2 Knoblauchzehen • 400 g Gehacktes (halb Rind-, halb Schweinefleisch) • 100 g TK-Suppengrün • 400 g Pizza-Tomaten (aus der Dose) • 200 g pürierte Tomaten (aus dem Glas oder Tetrapak) • ½ gestr. EL Salz • 1 EL Zucker • gem. Pfeffer • 1 TL gerebelter Thymian • 1 TL gerebelter Oregano • 4–5 gestr. TL Salz • 400–500 g Spirelli • 2 EL Schnittlauchröllchen (frisch oder TK) • 50 g frisch gehobelter Parmesan

1. Wasser in einem großen Topf zugedeckt zum Kochen bringen.

2. Olivenöl in einem weiten Topf erhitzen. Zwiebelwürfel darin andünsten. Knoblauch abziehen, durch eine Knoblauchpresse in den Topf drücken. Gehacktes hinzufügen und unter ständigem Rühren etwa 3 Minuten krümelig anbraten. Dabei die Fleischklümpchen mithilfe einer Gabel zerdrücken. Gefrorenes Suppengrün hinzugeben und kurz mitbraten lassen.

3. Pizza-Tomaten und pürierte Tomaten unterrühren, unter Rühren aufkochen lassen. Mit Salz, Zucker, Pfeffer, Thymian und Oregano würzen. Die Sauce ohne Deckel etwa 15 Minuten bei schwacher Hitze kochen lassen.

4. Salz und Nudeln ins kochende Wasser geben. Die Nudeln im geöffneten Topf bei mittlerer Hitze nach Packungsanleitung bissfest garen, dabei gelegentlich umrühren.

5. Anschließend die Nudeln in ein Sieb geben, mit heißem Wasser abspülen und gut abtropfen lassen. Die Nudeln in eine Schüssel geben. Die Sauce darauf verteilen und mit den Nudeln vermengen.

6. Spirelli Bolognese auf Tellern anrichten. Mit Schnittlauchröllchen und gehobeltem Parmesan bestreut sofort servieren.

Zubereitungszeit: 20 Minuten

4 Portionen • Pro Portion:
E: 29 g, F: 36 g, Kh: 90 g, kJ: 3439, kcal: 823, BE: 7,5

Grüne Bandnudeln mit Lachs und Spinat
Darauf freuen sich Gäste – mit Alkohol

Zutaten: 5 l Wasser • 2 EL Butter • 1 Knoblauchzehe • 2 EL Zwiebelwürfel (frisch oder TK) • 450 g TK-Blattspinat • Salz • gem. Pfeffer • ger. Muskatnuss • 100 ml Weißwein, halbtrocken oder eine Mischung aus 3 EL Zitronensaft und 80 ml Instant-Gemüsebrühe • 250 g Schlagsahne • 5 gestr. TL Salz • 500 g grüne Bandnudeln, z. B. Tagliatelle verdi • 200 g geräucherter, milder Lachs, in Scheiben • 1 TL fein abgeriebene Schale von 1 Bio-Zitrone (unbehandelt, ungewachst)

1. Wasser in einem großen Topf zugedeckt zum Kochen bringen. 1 ½ Esslöffel Butter in einem Topf zerlassen. Knoblauch abziehen und durch eine Knoblauchpresse in den Topf drücken. Die Hälfte der Zwiebelwürfel hinzugeben und glasig dünsten, dann den gefrorenen Spinat hinzufügen. Mit Salz, Pfeffer und Muskat würzen. Den Spinat zugedeckt 8–10 Minuten bei mittlerer Hitze unter gelegentlichem Rühren dünsten.

2. In der Zwischenzeit die restliche Butter in einem Topf zerlassen. Restliche Zwiebelwürfel darin andünsten. Wein oder Gemüse-Zitronensaft-Mischung hinzugießen, zum Kochen bringen und auf ein Drittel einkochen lassen. Sahne unterrühren, mit Salz und Pfeffer würzen und wieder zum Kochen bringen. Die Sauce um knapp die Hälfte einkochen lassen.

3. Salz und Nudeln ins kochende Wasser geben. Die Nudeln im geöffneten Topf bei mittlerer Hitze nach Packungsanleitung bissfest kochen, dabei gelegentlich umrühren.

4. Lachsscheiben in breite Streifen schneiden. Die Nudeln in ein Sieb geben, mit heißem Wasser abspülen und abtropfen lassen.

5. Die Nudeln sofort mit der Sahnesauce vermengen und nochmals kurz erhitzen. Mit Salz, Pfeffer und Zitronenschale abschmecken.

6. Die Nudeln mit Spinat und Lachsstreifen auf vorgewärmten Tellern anrichten. Nach Belieben mit frisch gemahlenem, bunten Pfeffer bestreuen und sofort servieren.

Zubereitungszeit: 25 Minuten

4 Portionen • Pro Portion:
E: 23 g, F: 28 g, Kh: 100 g, kJ: 3118, kcal: 745, BE: 8,5

Rigatoni mit Tomaten-Basilikum-Sauce
Preiswert – bei Kindern sehr beliebt

Zutaten: 5 l Wasser • 5 EL Olivenöl • 3 EL Zwiebelwürfel (frisch oder TK) • 1 EL brauner Zucker • 1 Knoblauchzehe • 800 g stückige Tomaten (Pizza-Tomaten, aus der Dose) • Salz • gem. Pfeffer • 1 Lorbeerblatt • 5 gestr. TL Salz • 500 g Rigatoni (geriffelte Röhrennudeln) • 1 Bund Basilikum • 125 g Crème fraîche • 50 g frisch gehobelter Parmesan

1. Wasser in einem großen Topf zugedeckt zum Kochen bringen. Olivenöl in einer Pfanne erhitzen, Zwiebelwürfel darin glasig dünsten. Mit Zucker bestreuen und karamellisieren lassen. Knoblauch abziehen und durch eine Knoblauchpresse drücken. Tomatenstücke mit dem Knoblauch zu den Zwiebelwürfeln in die Pfanne geben und zum Kochen bringen. Mit Salz und Pfeffer würzen. Lorbeerblatt hinzugeben. Die Tomatensauce ohne Deckel etwa 15 Minuten bei schwacher Hitze kochen lassen.

2. In der Zwischenzeit Salz und Nudeln ins kochende Wasser geben. Die Nudeln im geöffneten Topf bei mittlerer Hitze nach Packungsanleitung kochen lassen, dabei gelegentlich umrühren.

3. In der Zwischenzeit Basilikum abspülen und trocken tupfen. Die Blättchen von den Stängeln zupfen. Blättchen klein schneiden (einige Blättchen zum Garnieren beiseitelegen). Anschließend die garen Nudeln in ein Sieb geben, mit heißem Wasser abspülen und abtropfen lassen.

4. Die Tomatensauce nochmals mit Salz und Pfeffer abschmecken, Lorbeerblatt entfernen. Die Nudeln mit der Tomatensauce und Crème fraîche auf Tellern anrichten. Mit Parmesan und klein geschnittenem Basilikum bestreuen. Mit den beiseitegelegten Basilikumblättchen garniert sofort servieren.

Tipp: Wer auf Fleisch nicht ganz verzichten möchte, serviert dazu in Streifen geschnittenen Kochschinken oder fertig gekaufte Mini-Fleischbällchen.

Zubereitungszeit: 20 Minuten

4 Portionen • Pro Portion:
E: 29 g, F: 43 g, Kh: 90 g, kJ: 3624, kcal: 866, BE: 7,5

Farfalle mit Basilikum-Pesto (Titelfoto)
Würziger Gaumenschmaus

Zutaten: 5 l Wasser • 60 g Pinienkerne • 5 gestr. TL Salz • 500 g Farfalle (Schmetterlingsnudeln) oder Penne • 4 Knoblauchzehen • 2 Bund Basilikum • 100 ml Olivenöl • 120 g frisch ger. Parmesan oder Pecorino • Salz • gem. Pfeffer • evtl. einige Basilikumblättchen • evtl. grob geschrotete, getrocknete Chiliflocken

1. Wasser in einem großen Topf zugedeckt zum Kochen bringen. Pinienkerne in einer Pfanne ohne Fett unter Rühren leicht bräunen, herausnehmen und auf einem Teller verteilt kurz abkühlen lassen.

2. Salz und Nudeln ins kochende Wasser geben. Die Nudeln im geöffneten Topf bei mittlerer Hitze nach Packungsanleitung bissfest garen, dabei gelegentlich umrühren.

3. In der Zwischenzeit Knoblauch abziehen und grob würfeln. Basilikum abspülen und trocken tupfen. Die Blättchen von den Stängeln zupfen. Blättchen grob zerschneiden. Basilikum, Pinienkerne und Knoblauch mit einem Blitzhacker oder in einem hohen Rührbecher mit dem Stabmixer fein zerkleinern und zu einer Paste mixen. Dabei nach und nach das Olivenöl hinzugießen. Die Hälfte des Parmesans oder Pecorinos hinzugeben und nochmals durchmixen. Das Pesto mit etwas Salz und Pfeffer abschmecken.

4. Anschließend die garen Nudeln in ein Sieb geben, mit heißem Wasser abspülen und abtropfen lassen.

5. Farfalle oder Penne mit Basilikum-Pesto auf Tellern anrichten und mit restlichem Parmesan oder Pecorino bestreuen. Nach Belieben mit abgespülten und trocken getupften Basilikumblättchen und Chiliflocken garnieren und sofort servieren.

Tipps: Das Pesto lässt sich gut vorbereiten und hält sich mit einer Schicht Olivenöl bedeckt einige Tage im Kühlschrank frisch.
Sie können für das Pesto auch die leichtere Variante wählen, dann das Pesto mit nur 70 ml Olivenöl und 30 ml Gemüsebrühe zubereiten. Das Pesto dann sofort verbrauchen.

Top

Zubereitungszeit: 25 Minuten

4 Portionen • Pro Portion:
E: 26 g, F: 46 g, Kh: 66 g, kJ: 3286, kcal: 785, BE: 5,5

Tortellini in Gorgonzolasauce
Für Gäste – raffiniert

Zutaten: 4–5 l Wasser • 50 g Walnusskernhälften • 4 gestr. TL Salz • 400 g getrocknete Tortellini oder 500 g frische Tortellini mit Käse- oder Spinatfüllung (aus dem Kühlregal) • 150 g Schlagsahne • 100 ml Milch • 200 g Gorgonzola • gem. Pfeffer • Salz • 2 EL Schnittlauchröllchen (frisch oder TK) • grob geschrotete Chilis

1. Wasser in einem großen Topf zugedeckt zum Kochen bringen.

2. In der Zwischenzeit Walnusskernhälften grob hacken und in einer Pfanne ohne Fett unter Rühren rösten, bis sie anfangen zu duften, herausnehmen und auf einem Teller kurz abkühlen lassen.

3. Salz und Tortellini ins kochende Wasser geben. Getrocknete Tortellini im geöffneten Topf bei mittlerer Hitze nach Packungsanleitung bissfest kochen, dabei gelegentlich umrühren. Frische Tortellini nach Packungsanleitung erhitzen.

4. Sahne und Milch in einem Topf erhitzen. Gorgonzola evtl. entrinden, grob zerbröseln und in der Sahnemilch unter Rühren schmelzen (nicht kochen lassen). Die Sauce mit Pfeffer und evtl. noch etwas Salz abschmecken.

5. Die garen Tortellini in ein Sieb geben, mit heißem Wasser abspülen und abtropfen lassen. Tortellini in die Gorgonzolasauce geben und unter vorsichtigem Rühren nochmals kurz erhitzen.

6. Die Tortellini in Gorgonzolasauce auf Tellern anrichten. Mit Walnusskernen, Schnittlauchröllchen und Chili bestreut servieren.

Zubereitungszeit: 20 Minuten

4 Portionen • Pro Portion:
E: 39 g, F: 43 g, Kh: 83 g, kJ: 3675, kcal: 878, BE: 7,0

Penne mit Vier-Käse-Sauce
Raffiniert

Zutaten: 4–5 l Wasser • 2–3 Stängel Oregano oder Majoran • 250 ml (¼ l) Milch • 4–5 gestr. TL Salz • 400–500 g Penne (Röhrennudeln) • 175 g Gorgonzola • 100 g Mascarpone (ital. Frischkäse) oder Doppelrahm-Frischkäse • 75 g ger. Parmesan • 125 g ger. Schnittkäse, z. B. Taleggio oder mittelalter Gouda • gem. bunter Pfeffer • evtl. Salz

1. Wasser in einem großen Topf zugedeckt zum Kochen bringen.

2. Oregano oder Majoran abspülen und trocken tupfen. Milch mit den Oregano- oder Majoranstängeln in einem Topf erhitzen.

3. In der Zwischenzeit Salz und Nudeln ins kochende Wasser geben. Die Nudeln im geöffneten Topf bei mittlerer Hitze nach Packungsanleitung bissfest garen, dabei gelegentlich umrühren.

4. Gorgonzola evtl. entrinden und grob würfeln. Mascarpone oder Frischkäse und Gorgonzolawürfel in der heißen Milch unter Rühren schmelzen. Dann 50 g des geriebenen Parmesans und den geriebenen Schnittkäse hinzugeben, bei schwacher Hitze unter Rühren schmelzen (nicht kochen lassen). Die Sauce mit Pfeffer und evtl. noch etwas Salz abschmecken.

5. Anschließend die garen Nudeln in ein Sieb geben, mit heißem Wasser abspülen. Die Nudeln tropfnass mit der Käsesauce vermengen und nochmals kurz erhitzen.

6. Penne mit Vier-Käse-Sauce auf Tellern anrichten. Mit restlichem Parmesan und buntem Pfeffer bestreuen. Nach Belieben mit abgespülten und trocken getupften Majoranstängeln garnieren, sofort servieren.

Tipp: Dazu schmeckt ein grüner Blattsalat mit leichtem Dressing oder gedünsteter Blattspinat.

4 Portionen • Pro Portion:
E: 15 g, F: 40 g, Kh: 37 g, kJ: 2377, kcal: 568, BE: 3,0

Ravioli mit Salbeibutter
Einfach zuzubereiten

Zutaten: 4 l Wasser • 1 Bund frischer Salbei • 125 g Butter • 4 gestr. TL Salz • 500 g frische Ravioli (aus dem Kühlregal, z. B. mit Käse- oder Spinatfüllung) • 30–50 g frisch gehobelter Parmesan oder Pecorino • evtl. grob zerstoßene rosa Pfefferbeeren

1. Wasser in einem großen Topf zugedeckt zum Kochen bringen.

2. In der Zwischenzeit Salbei abspülen und gut trocken tupfen. Die Blättchen von den Stängeln zupfen. Butter in einer Pfanne zerlassen und leicht bräunen. Salbeiblättchen in der Butter kurz knusprig rösten, herausnehmen und auf Küchenpapier abtropfen lassen. Die Pfanne mit der Salbeibutter beiseitestellen.

3. Salz und Ravioli ins kochende Wasser geben. Ravioli nach Packungsanleitung erhitzen. Ravioli in einem Sieb gut abtropfen lassen, in die beiseitegestellte Pfanne geben und in der Salbeibutter kurz durchschwenken.

4. Ravioli auf Tellern anrichten. Mit den gerösteten Salbeiblättchen, gehobeltem Parmesan oder Pecorino und evtl. Pfefferbeeren bestreut servieren.

Zubereitungszeit: 25 Minuten

4 Portionen • Pro Portion:
E: 24 g, F: 34 g, Kh: 76 g, kJ: 2980, kcal: 713, BE: 6,0

Linguine mit Zucchini und Schafskäsewürfeln
Raffiniert – vegetarisch

Zutaten: 4 l Wasser • 600 g Zucchini • 1 Zwiebel • 1 Knoblauchzehe • 1 kleine, rote Chilischote • 4 gestr. TL Salz • 400 g Linguine (schmale Bandnudeln) • 2 EL Olivenöl • 3–4 Stängel frischer Thymian oder 1 TL gerebelter Thymian • Salz • gem. Pfeffer • 200 g Schlagsahne • 175–200 g gewürfelter Schafskäse • evtl. einige Stängel Thymian

1. Wasser in einem großen Topf zugedeckt zum Kochen bringen.

2. In der Zwischenzeit Zucchini abspülen, abtrocknen und die Enden abschneiden. Zucchini längs vierteln, dann in Würfel schneiden. Zwiebel und Knoblauch abziehen, in kleine Würfel schneiden. Chilischote putzen, abspülen, trocken tupfen, längs aufschneiden und entkernen. Chilischote in Ringe schneiden.

3. Salz und Nudeln ins kochende Wasser geben. Die Nudeln im geöffneten Topf bei mittlerer Hitze nach Packungsanleitung bissfest kochen, dabei gelegentlich umrühren.

4. Olivenöl in einer Pfanne erhitzen. Zwiebel- und Knoblauchwürfel darin andünsten. Zucchiniwürfel hinzufügen und unter Wenden 3–5 Minuten mitdünsten lassen. Thymian abspülen und trocken tupfen. Die Blättchen von den Stängeln zupfen. Die Zucchinimasse mit Salz und Pfeffer würzen. Chiliringe und Thymianblättchen unterrühren. Sahne hinzugießen. Die Sauce unter Rühren aufkochen lassen.

5. Die garen Nudeln in ein Sieb geben, mit heißem Wasser abspülen und abtropfen lassen. Die Nudeln zur Zucchini-Sahne-Sauce geben, gut vermengen und nochmals kurz erhitzen. Schafskäse in feine Würfel schneiden. Linguine mit Zucchini-Sahne-Sauce und Schafskäse anrichten. Nach Belieben mit abgespülten und trocken getupften Thymianstängeln garniert sofort servieren.

Zubereitungszeit: 25 Minuten

4 Portionen • Pro Portion:
E: 22 g, F: 22 g, Kh: 71 g, kJ: 2423, kcal: 579, BE: 6,0

Chorizo-Tortiglioni-Pfanne
Würziger Gaumenschmaus

Zutaten: 750 g Hokkaido-Kürbis • 1 Knoblauchzehe • 40 g getrocknete Tomaten • 70 g Chorizo-Wurst in Scheiben (scharfe spanische Paprikawurst) oder Cabanossi • etwa 3 Stängel Rosmarin oder 1–2 TL getrockneter Rosmarin • 3 ½ l Wasser • 3 ½ gestr. TL Salz • 350 g Pasta, z. B. Tortiglioni • Salz • gem. Pfeffer • 1 Lorbeerblatt • 250 ml (¼ l) heiße Gemüsebrühe • Saft von ½ Zitrone • 175 g Doppelrahm-Frischkäse

1. Kürbis gründlich abspülen, abtrocknen, halbieren und die Kerne mit einem Löffel herausschaben. Kürbishälften in etwa 1 cm breite und etwa 5 cm lange Streifen schneiden. Knoblauch abziehen und in Scheiben schneiden. Tomaten in Streifen schneiden. Die Wurstscheiben evtl. halbieren. Rosmarinstängel abspülen und trocken tupfen.

2. Wasser in einem großen Topf zugedeckt zum Kochen bringen. Salz und Nudeln hinzugeben. Nudeln im geöffneten Topf bei mittlerer Hitze nach Packungsanleitung bissfest garen, dabei gelegentlich umrühren.

3. In der Zwischenzeit die Wurstscheiben in einer großen Pfanne von beiden Seiten bei mittlerer Hitze knusprig braten, herausnehmen und auf Küchenpapier abtropfen lassen.

4. Knoblauch und Rosmarin im Bratfett leicht anbraten. Kürbis hinzugeben und von beiden Seiten anbraten. Mit Salz, Pfeffer, Lorbeerblatt würzen. Tomaten hinzugeben. Die Hälfte der Brühe und Zitronensaft hinzugießen, zum Kochen bringen. Alles zugedeckt etwa 5 Minuten garen.

5. Die garen Nudeln in ein Sieb geben, mit heißem Wasser abspülen und abtropfen lassen. Frischkäse mit der restlichen Brühe glatt rühren und unter die Nudeln mischen. Nudeln zu den Kürbisstreifen in die Pfanne geben und vorsichtig untermischen. Alles zum Kochen bringen und die Flüssigkeit bei starker Hitze sämig einkochen lassen.

6. Die Tortiglioni-Pfanne mit Salz und Pfeffer würzig abschmecken und mit den Chorizoscheiben auf Tellern anrichten.

Tipp: Statt der Wurstscheiben können Sie auch 350 g ausgelöstes Kasselerfleisch (in Scheiben) in Streifen schneiden und in 2 Esslöffeln Speiseöl in der Pfanne anbraten.

Zubereitungszeit: 20 Minuten

4 Portionen • Pro Portion:
E: 31 g, F: 13 g, Kh: 74 g, kJ: 2303, kcal: 551, BE: 6,0

Spaghetti mit Garnelen
Raffiniert – mit Alkohol

Zutaten: 4 l Wasser • 2 Knoblauchzehen • 3 Frühlingszwiebeln •
400 g rohe, frische Garnelen (geschält) • ½ Bund gemischte Kräuter,
z. B. glatte Petersilie, Rosmarin, Salbei und Thymian oder 2 EL gemischte
TK-Kräuter) • 4 gestr. TL Salz • 400 g Spaghetti • 4 EL Olivenöl • Salz •
gem. Pfeffer • 100 ml Weißwein oder Brühe • 1 Prise Zucker

1. Wasser in einem großen Topf zugedeckt zum Kochen bringen. Knoblauch abziehen und klein würfeln. Frühlingszwiebeln putzen, abspülen,
abtropfen lassen und in feine Scheiben schneiden.

2. Garnelen kurz unter fließendem kalten Wasser abspülen, trocken
tupfen und evtl. entdarmen. Kräuter abspülen und trocken tupfen. Die
Blättchen bzw. Nadeln von den Stängeln zupfen (einige Kräuterblättchen
zum Garnieren beiseitelegen), Blättchen bzw. Nadeln klein schneiden.

3. Salz und Nudeln ins kochende Wasser geben. Die Nudeln im geöffneten Topf bei mittlerer Hitze nach Packungsanleitung bissfest garen,
dabei gelegentlich umrühren.

4. In der Zwischenzeit Olivenöl in einer Pfanne erhitzen. Die Garnelen
darin von beiden Seiten kurz anbraten, mit Salz und Pfeffer würzen.
Knoblauchwürfel, Frühlingszwiebelscheiben und Kräuter hinzufügen,
unter Rühren kurz mitbraten lassen. Wein oder Brühe hinzugießen und
kurz aufkochen lassen.

5. Die garen Nudeln in ein Sieb geben, mit heißem Wasser abspülen
und abtropfen lassen. Die Nudeln zu der Garnelen-Kräuter-Mischung
in die Pfanne geben und kurz durchschwenken. Mit Salz, Pfeffer und
Zucker abschmecken.

6. Die Spaghetti mit Garnelen auf Tellern anrichten und mit den beiseitegelegten Kräuterblättchen bestreuen, sofort servieren.

Tipp: Wenn Sie Gemüsebrühe
verwenden, geben Sie etwas
Zitronensaft zu den Garnelen.

Zubereitungszeit: 25 Minuten

4 Portionen • Pro Portion:
E: 22 g, F: 32 g, Kh: 71 g, kJ: 2781, kcal: 665, BE: 6,0

Nudeln in Sellerie-Zitronenrahm
Raffiniert – begeistert Gäste

Zutaten: 3 ½ –4 l Wasser • 3 ½–4 gestr. TL Salz • 350–400 g grüne Linguine (schmale Bandnudeln) • 1 Zwiebel • 4 Stängel frischer Salbei • 3 EL Butter oder Speiseöl • 700 g möglichst junge Sellerieknollen • Salz • gem. Pfeffer • 4 EL Zitronensaft • 100 ml heiße Gemüsebrühe (Instant) • 200 g Schlagsahne • 1 Prise Zucker • 150 g Räucherlachs oder etwa 125 g Parmaschinken

1. Wasser in einem großen Topf zugedeckt zum Kochen bringen. Dann Salz und Nudeln hinzugeben. Die Nudeln im geöffneten Topf bei mittlerer Hitze nach Packungsanleitung bissfest garen, dabei gelegentlich umrühren.

2. In der Zwischenzeit Zwiebel abziehen und in kleine Würfel schneiden. Salbei abspülen und trocken tupfen. Die Blättchen von den Stängeln zupfen. Butter oder Speiseöl in einer Pfanne zerlassen bzw. erhitzen. Die Salbeiblättchen darin knusprig braten (Vorsicht spritzt!). Salbeiblättchen herausnehmen und auf Küchenpapier abtropfen lassen.

3. Zwiebelwürfel in dem verbliebenen Bratfett glasig dünsten. Sellerie putzen, schälen, abspülen, abtropfen lassen, in Streifen schneiden, zu den Zwiebelwürfeln geben und mit andünsten. Mit Salz und Pfeffer würzen, mit Zitronensaft und Brühe ablöschen, zum Kochen bringen und etwa 5 Minuten dünsten.

4. Die garen Nudeln in ein Sieb geben, mit heißem Wasser abspülen und abtropfen lassen.

5. Sahne unter die gedünsteten Selleriestreifen rühren. Nochmals mit Salz, Pfeffer und Zucker würzen. Die Zutaten sämig einkochen. Mit Salz, Pfeffer und Zitronensaft abschmecken.

6. Die Nudeln mit dem Sellerie-Zitronenrahm, den Salbeiblättchen und Räucherlachs- oder Parmaschinkenscheiben anrichten.

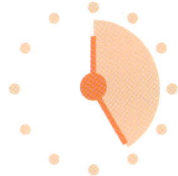

Zubereitungszeit: 25 Minuten

4 Portionen • Pro Portion:
E: 28 g, F: 7 g, Kh: 31 g, kJ: 1249, kcal: 299, BE: 2,5

Asiatische Nudelpfanne
Mit feiner Schärfe exotisch

Zutaten: 400 g Putenschnitzel • ½ TL Sambal Oelek oder geschroteter Chili • 3 EL Austernsauce oder Sojasauce • 1 TL Fünf-Gewürze-Pulver • 350 g Porree (Lauch) • 300 g Blumenkohl • 3 Möhren (je 100 g) • 1 kleine rote Pfefferschote • 2 EL Speiseöl, z. B. Soja- oder Rapsöl • Salz • 100 g Glasnudeln • evtl. etwas frischer Koriander

1. Putenschnitzel kurz unter fließendem kalten Wasser abspülen, trocken tupfen und in feine Streifen schneiden. Sambal Oelek oder Chili mit Austern- oder Sojasauce und Fünf-Gewürze-Pulver verrühren. Die Fleischstreifen untermischen und kurz durchziehen lassen.

2. In der Zwischenzeit Porree putzen, die Stangen längs halbieren, gründlich waschen, abtropfen lassen und in feine Streifen schneiden. Von dem Blumenkohl die Blätter und den Strunk abschneiden. Blumenkohl in sehr feine Röschen teilen, abspülen und abtropfen lassen. Möhren putzen, schälen, abspülen, abtropfen lassen und in feine Streifen schneiden. Pfefferschote entstielen, längs aufschneiden, entkernen, abspülen, trocken tupfen und in feine Ringe schneiden.

3. Speiseöl in einem Wok oder einer großen Pfanne erhitzen. Zuerst die Fleischstreifen mit der Gewürzmarinade darin unter Rühren etwa 2 Minuten braten und herausnehmen.

4. Vorbereite Gemüsezutaten mit den Pfefferschotenringen in den Wok oder die Pfanne geben, unter Rühren 2–3 Minuten braten. Anschließend die Fleischstreifen wieder hinzugeben. Die Zutaten etwa 2 Minuten unter Rühren garen, mit Salz würzen.

Tipp: Austernsauce, Fünf-Gewürze-Pulver, Sambal Oelek und Glasnudeln finden Sie in Spezialitätenabteilungen der Supermärkte. Fünf-Gewürz-Mischung besteht aus Szechuanpfeffer, Gewürznelken, Fenchelsamen, Sternanis und Zimt.

5. Glasnudeln nach Packungsanleitung zubereiten, mit kaltem Wasser abschrecken, abtropfen lassen und in einer flachen Schale verteilen. Die Fleisch-Gemüse-Mischung darauf anrichten und servieren.

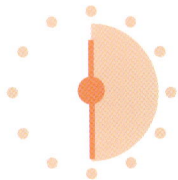

Zubereitungszeit: 30 Minuten

4 Portionen • Pro Portion:
E: 37 g, F: 29 g, Kh: 79 g, kJ: 3052, kcal: 733, BE: 6,0

Penne mit Entenbrust
Exotisch – etwas Besonderes

Zutaten: 2 kleine Entenbrustfilets (etwa 500 g) • Salz • 200 g Zuckerschoten • 1 Bund Frühlingszwiebeln • 1 Mango (etwa 400 g) • 3–3 ½ l
Wasser • 3–3 ½ gestr. TL Salz • 300–350 g Penne • gem. Pfeffer •
1 geh. TL Weizenmehl • 2–3 TL mildes Currypulver • 400 ml ungesüßte
Kokosmilch (aus der Dose) • grob geschroteter Chili

1. Entenbrustfilets unter fließendem kalten Wasser abspülen und trocken tupfen. Von den Filets die Hautschichten ablösen. Die Entenhaut in
etwa 1 cm breite Streifen schneiden und in einer Pfanne ohne Fett bei
mittlerer Hitze knusprig ausbraten, leicht mit Salz würzen.

2. In der Zwischenzeit Zuckerschoten putzen, abspülen, abtropfen
lassen und schräg in Stücke schneiden. Frühlingszwiebeln putzen, abspülen, abtropfen lassen und in etwa 3 cm breite Stücke schneiden. Von
der Mango das Fruchtfleisch vom Stein schneiden und schälen. Das
Fruchtfleisch in Stücke schneiden.

3. Wasser in einem großen Topf zugedeckt zum Kochen bringen. Salz
und Nudeln hinzugeben. Nudeln im geöffneten Topf bei mittlerer Hitze
nach Packungsanleitung bissfest garen, dabei gelegentlich umrühren.

4. Inzwischen die Entenbrustfilets in etwa 1 cm breite Scheiben
schneiden. Die gebratene Entenhaut aus der Pfanne nehmen und auf
Küchenpapier abtropfen lassen. Die Entenscheiben in dem verbliebenen Bratfett von beiden Seiten kurz und kräftig anbraten. Mit Salz und
Pfeffer würzen. Die Filetscheiben aus der Pfanne nehmen, auf einen
vorgewärmten Teller legen und mit Alufolie zugedeckt warm stellen.

5. Den größten Teil des Bratfetts aus der Pfanne gießen. Frühlingszwiebelstücke in dem restlichen Bratfett unter Rühren andünsten. Mit Mehl
und Curry bestäuben, kurz mitdünsten. Mit Kokosmilch ablöschen und
zum Kochen bringen. Die Sauce kräftig mit Salz, Pfeffer und Chili würzen. Zuckerschotenstücke hinzugeben und etwa 2 Minuten bei schwacher Hitze mitkochen lassen.

Tipps: Nach Belieben mit
abgespülten und trocken getupften Korianderblättchen garniert
servieren.

Schmeckt auch köstlich mit
Putenbrust, Hähnchenbrust- oder
Lammfilet bzw. ausgelöstem
Lammrücken. Statt Mango kön-
nen Sie auch Aprikosenhälften
aus der Dose verwenden.

(Fortsetzung auf Seite 29)

(Fortsetzung von Seite 27)

6. Dann Mangostücke und Fleischscheiben mit dem ausgetretenen Fleischsaft hinzugeben, wieder zum Kochen bringen und weitere etwa 2 Minuten bei schwacher Hitze kochen lassen.

7. Inzwischen die garen Nudeln in ein Sieb geben, mit heißem Wasser abspülen und abtropfen lassen. Nudeln mit der Entenbrust, der fruchtigen Currysauce und der knusprigen Entenhaut auf Tellern anrichten.

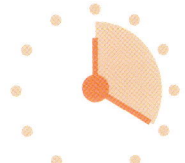

Zubereitungszeit: 20 Minuten

4 Portionen • Pro Portion:
E: 22 g, F: 32 g, Kh: 97 g, kJ: 3203, kcal: 768, BE: 7,5

Linguine mit Ziegenfrischkäsesauce
Für Gäste – raffiniert

Zutaten: 5 l Wasser • 1 Schalotte • 2 Knoblauchzehen • 1 Bund Frühlingszwiebeln • 1 Bund Basilikum • 12 Cocktailtomaten • 5 gestr. TL Salz • 500 g Linguine (dünne Bandnudeln) • 20 g Butter • 250 g Ziegenfrischkäse • 125 g Schlagsahne • 75 ml Gemüsebrühe • Salz • gem. Pfeffer

1. Wasser in einem großen Topf zugedeckt zum Kochen bringen. Schalotte und Knoblauch abziehen, in kleine Würfel schneiden. Frühlingszwiebeln putzen, abspülen, abtropfen lassen und in feine Scheiben schneiden. Basilikum abspülen und trocken tupfen. Die Blättchen von den Stängeln zupfen. Blättchen in Streifen schneiden. Tomaten abspülen, abtropfen lassen und evtl. die Stängelansätze herausschneiden.

2. Salz und Nudeln ins kochende Wasser geben. Die Nudeln im geöffneten Topf bei mittlerer Hitze nach Packungsanleitung bissfest garen, dabei gelegentlich umrühren.

3. Butter in einer Pfanne zerlassen. Zwiebel-, Knoblauchwürfel und Frühlingszwiebelscheiben darin unter Rühren andünsten. Ziegenfrischkäse, Sahne und Brühe hinzugeben, unter Rühren erhitzen, mit Salz und Pfeffer würzen. Tomaten in die Sauce geben und kurz ziehen lassen.

4. Die garen Nudeln in ein Sieb geben, mit heißem Wasser abspülen und abtropfen lassen. Die Nudeln zu der Frischkäsesauce in die Pfanne geben und vorsichtig vermengen. Basilikumstreifen unterheben. Linguine mit Ziegenfrischkäsesauce auf Tellern anrichten und sofort servieren.

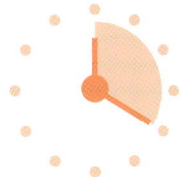

Zubereitungszeit: 20 Minuten

4 Portionen • Pro Portion:
E: 25 g, F: 39 g, Kh: 64 g, kJ: 2966, kcal: 710, BE: 5,0

Orecchiette-Blumenkohl-Pfanne
Beliebt bei Kindern – preiswert

Zutaten: 4 Eier • 2 Frühlingszwiebeln • 75 g roher Schinken, in Scheiben • 50 g Butter • 4 EL Semmelbrösel • 1 TL fein abgeriebene Schale von 1 Bio-Zitrone (unbehandelt, ungewachst) • 500 g vorbereitete Blumenkohlröschen (frisch oder TK) • 2 EL Speiseöl, z. B. Rapsöl • 125 ml (⅛ l) Gemüsebrühe • 200 g Schlagsahne • Salz • gem. Pfeffer • ger. Muskatnuss • 2 ½–3 l Wasser • 2 ½–3 gestr. TL Salz • 250–300 g Orechiette (Öhrchennudeln) • 1 TL Weizenmehl

1. Eier in kochendem Wasser wachsweich kochen. In der Zwischenzeit Frühlingszwiebeln putzen, abspülen, abtropfen lassen und in Scheiben schneiden. Schinken in Streifen schneiden. Butter in einer großen Pfanne zerlassen. Schinkenstreifen darin knusprig braten, herausnehmen und auf Küchenpapier abtropfen lassen. Semmelbrösel und Zitronenschale in dem verbliebenen Bratfett unter Rühren goldbraun rösten, herausnehmen und auf einem Teller abkühlen lassen. Die Eier abschrecken und warm stellen.

2. Blumenkohlröschen abspülen und trocken tupfen. Speiseöl zum Bratfett in die Pfanne geben. Blumenkohlröschen darin unter vorsichtigem Wenden leicht anbraten. Frühlingszwiebelscheiben hinzugeben und kurz mit anbraten. Mit Brühe und der Hälfte der Sahne ablöschen. Mit Salz, Pfeffer und Muskat würzen. Die Zutaten zum Kochen bringen und zugedeckt etwa 5 Minuten dünsten.

3. Wasser in einem großen Topf zugedeckt zum Kochen bringen. Salz und Nudeln hinzugeben. Nudeln im geöffneten Topf bei mittlerer Hitze nach Packungsanleitung bissfest garen, dabei gelegentlich umrühren.

4. Restliche Sahne mit Mehl anrühren, unter Rühren zu den Blumenkohlröschen geben und unter vorsichtigem Rühren kräftig aufkochen. Die garen Nudeln in ein Sieb geben, mit heißem Wasser abspülen und abtropfen lassen. Nudeln zu den Blumenkohlröschen in die Pfanne geben und gut vermischen. Nochmals mit den Gewürzen abschmecken. Eier pellen und halbieren. Orecchiette mit Blumenkohl, Eierhälften, Semmelbröseln und Schinkenstreifen auf Tellern anrichten.

Tipp: Das Gericht schmeckt auch lecker mit Brokkoliröschen. Dann Brokkoliröschen aber nur kurz anbraten und anschließend nur 2–3 Minuten garen.

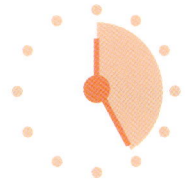

Zubereitungszeit: 25 Minuten

4 Portionen • Pro Portion:
E: 29 g, F: 13 g, Kh: 54 g, kJ: 1868, kcal: 446, BE: 4,5

Gebratene Mie-Nudeln mit Putenstreifen
Scharf gewürzt

Zutaten: etwa 15 g getrocknete Mu-err-Pilze • 300 g Putenschnitzel
• 1 EL Austernsauce • 1 TL China-Gewürzzubereitung • 1 TL gem.
Kreuzkümmel (Cumin) • 1 TL Speisestärke • 250 g Möhren • 2 Stangen
Porree (Lauch) • 250 g Mie-Nudeln (asiatische Instant-Nudeln) •
4 EL Sojaöl • 2 EL Sojasauce • 1 EL Sambal Sauce (feurig-scharf) oder
½ TL Sambal Oelek

1. Mu-err-Pilze mit kochendem Wasser übergießen und nach Packungsanleitung einweichen.

2. Putenschnitzel unter fließendem kalten Wasser abspülen, trocken
tupfen und in dünne Streifen schneiden. Die Fleischstreifen mit Austernsauce, China-Gewürzzubereitung, Kreuzkümmel und Speisestärke
vermischen.

3. Möhren putzen, schälen, abspülen, abtropfen lassen und in dünne
Scheiben schneiden. Porree putzen, die Stangen längs halbieren,
gründlich waschen, abtropfen lassen und in etwa 1 cm lange Stücke
schneiden.

4. Mie-Nudeln nach Packungsanleitung mit kochendem Wasser übergießen und ziehen lassen. Sojaöl in einem Wok erhitzen. Möhrenscheiben darin unter Rühren andünsten. Dann Porreestücke hinzugeben und
unter Rühren 1–2 Minuten bei starker Hitze anbraten oder andünsten.
In der Zwischenzeit Mu-err-Pilze abtropfen lassen, evtl. putzen und in
Streifen schneiden. Pilzstreifen mit den Möhrenscheiben und Porree-
stücken etwa 1 Minute braten.

5. Gewürzte Fleischstreifen hinzugeben und unter Rühren weitere etwa
2 Minuten bei starker Hitze braten.

6. Mie-Nudeln abtropfen lassen, auflockern, unter das Gemüse heben
und kurz erwärmen. Die Mie-Nudel-Pfanne mit Sojasauce und Sambal
Sauce oder Sambal Oelek abschmecken. Sofort servieren.

Tipp: Statt mit Sojaöl können Sie
das Gericht auch mit Erdnussöl
zubereiten und gehackte geröstete
Erdnusskerne über das fertige
Gericht streuen.

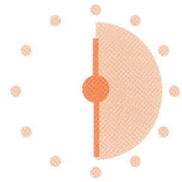

Zubereitungszeit: 30 Minuten

4 Portionen • Pro Portion:
E: 38 g, F: 8 g, Kh: 82 g, kJ: 2334, kcal: 557, BE: 6,5

Arabische Zwiebel-Pasta
Raffiniert – für Gäste

Zutaten: 400 g Hähnchen- oder Putenbrustfilet • 2 Knoblauchzehen • 1 Gemüsezwiebel (etwa 200 g) • ½ Bio-Zitrone (unbehandelt, ungewachst) • 2 EL Olivenöl • 1 Lorbeerblatt • gem. Zimt, Cumin (Kreuzkümmel), Piment und Kardamom • Salz • gem. Pfeffer • grob geschroteter Chili • 400 g Pizzatomaten in Tomatensaft (aus der Dose) • 150 ml Gemüsebrühe • 3–4 l Wasser • 3–4 gestr. TL Salz • 300–400 g Penne (Röhrennudeln) • 125 g getrocknete Pflaumen oder Aprikosen ohne Stein (Soft-Früchte) • 2 EL gehackte Petersilie

Tipps: Die besondere Würzmischung macht dieses Gericht so raffiniert.

Durch die mitgegarten Trockenfrüchte und Zwiebeln erhält die Sauce eine feine süßsaure Note, die besonders gut mit Geflügel oder auch Tunfisch harmoniert.

Falls Sie dieses Gericht mit Tunfisch zubereiten möchten, die Tunfischwürfel nur sehr kurz anbraten, dann aus der Pfanne nehmen und zugedeckt warm stellen. Tunfischwürfel dann nur noch einmal kurz in der Sauce erhitzen. So bleibt der Tunfisch zart und saftig. Zu lange gegart, wird er schnell zu fest und trocken.

1. Filet unter fließendem kalten Wasser abspülen, trocken tupfen und in breite Streifen schneiden. Knoblauch abziehen und in Scheiben schneiden. Zwiebel abziehen, halbieren und in Scheiben schneiden. Zitrone heiß abspülen, abtrocknen, halbieren und in Scheiben schneiden.

2. Öl in einer großen Pfanne erhitzen. Zwiebel- und Knoblauchscheiben darin unter Rühren braun anbraten. Fleischstreifen hinzugeben und kurz von allen Seiten kräftig anbraten. Lorbeerblatt, 1 Prise Zimt, je etwa ¼ Teelöffel Cumin, Piment und Kardamom, Salz, Pfeffer und Chili zu den Fleischstreifen geben, unter Rühren etwa 1 Minute anrösten.

3. Pizzatomaten mit dem Saft, Zitronenscheiben und Brühe hinzufügen, zum Kochen bringen und etwa 5 Minuten ohne Deckel kochen lassen.

4. Inzwischen Wasser in einem großen Topf zugedeckt zum Kochen bringen. Salz und Nudeln hinzugeben. Nudeln im geöffneten Topf bei mittlerer Hitze nach Packungsanleitung bissfest garen, dabei gelegentlich umrühren.

5. Pflaumen oder Aprikosen in breite Streifen schneiden, unter die Zwiebel-Tomaten-Sauce rühren, wieder zum Kochen bringen und weitere etwa 4 Minuten ohne Deckel garen.

6. Die garen Nudeln in ein Sieb geben, mit heißem Wasser abspülen und abtropfen lassen. Nudeln zur Sauce geben und untermischen. Zwiebel-Pasta würzig abschmecken und mit der Petersilie bestreut servieren.

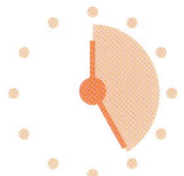

Zubereitungszeit: 25 Minuten

4 Portionen • Pro Portion:
E: 36 g, F: 11 g, Kh: 78 g, kJ: 2421, kcal: 573, BE: 6,5

Spätzle mit Lamm-Sugo
Raffiniert – mit Alkohol

Zutaten: 400 g ausgelöstes Lammrückenfilet oder Lammhackfleisch •
2 EL Olivenöl • 2 Zwiebeln • 2 Knoblauchzehen • 1 EL Weizenmehl •
4 l Wasser • 200 ml Rotwein oder Tomatensaft • 100 ml heiße Gemüsebrühe • Salz • gem. Pfeffer • je 1 TL getrocknete Rosmarinnadeln und
gerebelter Thymian • 4 gestr. TL Salz • 400 g Spätzle • 1 rote Paprikaschote

1. Lammrückenfilet mit Küchenpapier trocken tupfen und in sehr feine
Würfel schneiden.

2. Das Olivenöl in einer Pfanne erhitzen. Lammwürfel oder -hackfleisch
darin unter Wenden bei starker Hitze anbraten. Das Lammhackfleisch
mit einem Pfannenwender fein zerdrücken. Zwiebeln und Knoblauch
abziehen, in kleine Würfel schneiden, hinzugeben und mit andünsten.
Mit Mehl bestäuben und kurz andünsten.

3. In der Zwischenzeit Wasser in einem großen Topf zugedeckt zum
Kochen bringen. Rotwein oder Tomatensaft und Brühe zu dem Lamm-
fleisch in die Pfanne geben und zum Kochen bringen. Mit Salz, Pfeffer
und Kräutern würzen. Die Zutaten zugedeckt etwa 5 Minuten bei mittlerer Hitze garen.

4. Salz und Spätzle ins kochende Wasser geben. Die Spätzle im geöffneten Topf bei mittlerer Hitze nach Packungsanleitung garen, dabei
gelegentlich umrühren.

5. Paprikaschote halbieren, entstielen, entkernen und die weißen Scheidewände entfernen. Schotenhälften abspülen, abtropfen lassen und
in feine Würfel schneiden. Paprikawürfel unter die Lammfleischsauce
rühren und kurz mitgaren lassen.

6. Die garen Spätzle in ein Sieb geben, mit heißem Wasser abspülen
und abtropfen lassen. Spätzle mit Lamm-Sugo auf Tellern anrichten und
sofort servieren.

Tipp: Sie können das fertige
Gericht mit gehacktem Rosmarinnadeln bestreuen.

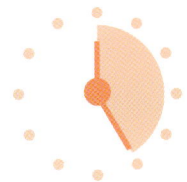

Zubereitungszeit: 25 Minuten

4 Portionen • Pro Portion:
E: 40 g, F: 41 g, Kh: 37 g, kJ: 2844, kcal: 680, BE: 2,5

Griechische Lamm-Nudel-Pfanne
Begeistert Gäste – etwas teurer

Zutaten: etwa 350 g Zucchini • 1 große Aubergine (etwa 480 g) •
2 Knoblauchzehen • 1 Bund Frühlingszwiebeln • 500 g ausgelöster
Lammrücken • 4 EL Olivenöl • Salz • gem. Pfeffer • 1 TL Tomatenmark •
150 g griechische Reisnudeln • 375 ml (⅜ l) heiße Gemüsebrühe • grob
geschroteter Chili • je 1 Stängel Thymian und Rosmarin • 200 g Tomaten • 200 g Fetakäse

1. Den Backofen vorheizen.
Ober-/Unterhitze: etwa 200 °C
(Heißluft weniger gut geeignet)

2. Zucchini und Aubergine abspülen, abtrocknen und die Enden bzw.
Stängelansatz entfernen. Zucchini in etwa 1 cm dicke Scheiben schneiden. Aubergine längs vierteln und in Stücke schneiden. Knoblauch abziehen und in Scheiben schneiden. Frühlingszwiebeln putzen, abspülen,
abtropfen lassen und in Stücke schneiden.

3. Den Lammrücken mit Küchenpapier trocken tupfen. Die Hälfte des
Olivenöls in einer großen Pfanne erhitzen. Den Lammrücken darin von
allen Seiten kräftig anbraten, mit Salz und Pfeffer würzen und in eine
Auflaufform legen. Die Form zugedeckt auf dem Rost in den vorgeheizten Backofen schieben. Lammrücken etwa 10 Minuten garen.

4. Restliches Olivenöl zum Bratfett in die Pfanne geben und erhitzen.
Knoblauch, Tomatenmark und Auberginen darin unter Rühren andünsten.
Frühlingszwiebeln und Zucchini hinzugeben, kurz mitdünsten lassen.
Reisnudeln einstreuen und untermischen. Brühe hinzugießen und zum
Kochen bringen. Mit Salz, Pfeffer und Chili würzen. Thymian und Rosma-
rin abspülen, trocken tupfen und hinzugeben. Zugedeckt etwa 10 Minu-
ten bei schwacher Hitze garen, dabei gelegentlich vorsichtig umrühren.

Tipp: Auch ohne das Fleisch
serviert, ist die Pasta-Pfanne eine
vollwertige Mahlzeit. Oder, wenn
Sie die Gelegenheit haben, kaufen Sie etwas fertig gebratenes
Gyrosfleisch und reichen dieses
zu der Pasta-Pfanne.

5. Den Lammrücken aus der Form nehmen, in Alufolie wickeln und
kurz ruhen lassen. Tomaten abspülen, trocken tupfen, halbieren und die
Stängelansätze herausschneiden. Tomatenhälften in Spalten schneiden,

(Fortsetzung auf Seite 41)

(Fortsetzung von Seite 39) zu der Gemüse-Nudel-Mischung in die Pfanne geben und nochmals bei starker Hitze unter vorsichtigem Wenden etwa 2 Minuten braten.

7. Fetakäse grob zerbröseln. Den Lammrücken in Scheiben schneiden. Die Lamm-Nudel-Pfanne auf Tellern anrichten und mit Käsebröseln bestreuen. Die Lammrückenscheiben daranlegen und sofort servieren.

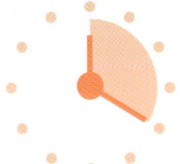

Zubereitungszeit: 20 Minuten

4 Portionen • Pro Portion:
E: 36 g, F: 22 g, Kh: 93 g, kJ: 3027, kcal: 723, BE: 7,5

Penne mit Hühnerleber
Raffiniert

Zutaten: 5 l Wasser • 1 Zwiebel • 1 Knoblauchzehe • 200 g Champignons • 300 g Hühnerleber • 5 gestr. TL Salz • 500 g Penne (Röhrennudeln) • 2 EL Olivenöl • 150 g Schlagsahne • etwa 15 junge Salbeiblättchen • 12 Cocktailtomaten • Salz • gem. Pfeffer

1. Wasser in einem großen Topf zugedeckt zum Kochen bringen. Zwiebel und Knoblauch abziehen, in kleine Würfel schneiden. Champignons putzen, evtl. kurz abspülen, trocken tupfen und in Scheiben schneiden.

2. Hühnerleber unter fließendem kalten Wasser abspülen, trocken tupfen und in etwa 2 cm große Würfel schneiden, evtl. die Sehnen entfernen.

3. Salz und Nudeln ins kochende Wasser geben. Die Nudeln im geöffneten Topf bei mittlerer Hitze nach Packungsanleitung bissfest garen, dabei gelegentlich umrühren.

4. In der Zwischenzeit Öl in einer Pfanne erhitzen. Die Leberwürfel darin von allen Seiten anbraten, herausnehmen und warm stellen. Zwiebel und Knoblauch in dem verbliebenen Bratfett andünsten. Champignons hinzufügen und mitdünsten. Sahne hinzugießen und zum Kochen bringen. Salbeiblättchen abspülen, trocken tupfen und klein schneiden. Die Tomaten abspülen, trocken tupfen und evtl. die Stängelansätze herausschneiden. Warm gestellte Geflügelleberwürfel, Salbei und Tomaten in die Sauce geben. Die Sauce nochmals unter vorsichtigem Rühren aufkochen lassen. Mit Salz und Pfeffer würzen.

Tipp: Nach Belieben mit abgespülten und trocken getupften Salbeiblättchen garnieren.

5. Die garen Nudeln in ein Sieb geben, mit heißem Wasser abspülen und abtropfen lassen, mit der Sauce vermengen und anrichten.

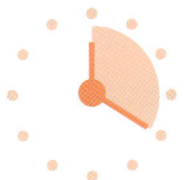

Zubereitungszeit: 20 Minuten

4 Portionen • Pro Portion:
E: 25 g, F: 10 g, Kh: 39 g, kJ: 1470, kcal: 352, BE: 3,0

Teriyaki-Asia-Pfanne
Raffiniert – exotisch

Zutaten: 1 rote Paprikaschote (etwa 200 g) • 200 g rosé Champignons • 1 Bund Frühlingszwiebeln • 150 g gut abgetropfte Soja-, Mungobohnen- oder Bambussprossen (aus dem Glas oder frisch) • etwa 150 g Asia-Mie-Nudeln (Instant-Weizennudeln) • 2 Knoblauchzehen • 3 EL Speiseöl, z. B. Sojaöl • 250 g TK-Blattspinat • 300 g gegarte Tiefsee-Garnelen (aus dem Kühlregal) • gem. Pfeffer • grob geschroteter Chili • 6–8 EL Teriyaki-Sauce (asiatische Würzsauce, erhältlich im Asialaden)

1. Paprikaschote halbieren, entstielen, entkernen und die weißen Scheidewände entfernen. Schotenhälften abspülen, trocken tupfen und in feine Streifen schneiden. Champignons putzen, evtl. kurz abspülen, trocken tupfen und in Scheiben schneiden. Frühlingszwiebeln putzen, abspülen, abtropfen lassen und schräg in Stücke schneiden. Frische Sprossen abspülen und abtropfen lassen.

2. Nudeln in eine große Schüssel geben, mit reichlich kochendem Wasser übergießen und zugedeckt nach Packungsanleitung gar ziehen lassen. Knoblauch abziehen und in Scheiben schneiden.

3. Speiseöl in einer großen Pfanne erhitzen. Knoblauchscheiben und den gefrorenen Spinat darin etwa 2 Minuten andünsten. Spinat vorsichtig an den Pfannenrand schieben.

Tipps: Nach Belieben Teriyaki-Sauce zum Nachwürzen dazureichen.

Statt der fertigen Würzsauce können Sie auch Sojasauce verwenden. Teriyaki-Sauce gibt es auch mit geröstetem Knoblauch bereits fertig zu kaufen. Falls Sie diese Sauce verwenden, können Sie auf den zusätzlichen Knoblauch im Rezept verzichten.

4. Garnelen unter fließendem kalten Wasser abspülen und gut trocken tupfen. Garnelen in dem Bratfett von beiden Seiten anbraten und ebenfalls an den Pfannenrand schieben. Frühlingszwiebelstücke, Paprikastreifen und Champignonscheiben in die Mitte der Pfanne geben und in dem verbliebenen Bratfett etwa 6 Minuten unter gelegentlichem Wenden braten. Mit Pfeffer und etwas Chili würzen.

5. Die garen Nudeln durchrühren und in einem Sieb abtropfen lassen. Nudeln und Sprossen mit dem Gemüse und den Garnelen in der Pfanne vermischen (Spinat dabei am besten am Pfannenrand belassen). Dann Teriyaki-Sauce daraufträufeln. Die Asia-Pfanne nochmals etwa 1 Minute bei starker Hitze unter Wenden braten.

Zubereitungszeit: 20 Minuten

4 Portionen • Pro Portion:
E: 17 g, F: 23 g, Kh: 76 g, kJ: 2453, kcal: 588, BE: 6,0

Pasta mit Tomaten, Rauke und Ziegenfrischkäse in Balsamicofond
Raffiniert – für Gäste

Zutaten: 3 ½ –4 l Wasser • 3 ½–4 gestr. TL Salz • 350–400 g Pasta, z. B. Bandnudeln • 400 ml Gemüsefond (aus dem Glas) • 4–5 EL Crema di Balsamico • 100 g Rucola (Rauke) • 4 Stängel Basilikum • 250 g Cocktailtomaten • 1 Zwiebel • 2 Knoblauchzehen • 2 EL Olivenöl • 1 EL Butter • Salz • gem. Pfeffer • 200 g Ziegenfrischkäse • evtl. etwas Crema di Balsamico

1. Wasser in einem großen Topf zugedeckt zum Kochen bringen. Dann Salz und Nudeln hinzugeben. Die Nudeln im geöffneten Topf bei mittlerer Hitze nach Packungsanleitung bissfest garen, dabei gelegentlich umrühren.

2. In der Zwischenzeit den Fond und 1 Esslöffel Crema di Balsamico in einem Topf bei starker Hitze auf die Hälfte einkochen lassen. Rucola putzen und die dicken Stängel abschneiden. Rucola abspülen und trocken tupfen. Basilikum abspülen und trocken tupfen. Die Blättchen von den Stängeln zupfen. Tomaten abspülen, trocken tupfen und die Stängelansätze herausschneiden. Cocktailtomaten halbieren oder die größeren Tomaten in Würfel schneiden.

3. Anschließend die garen Nudeln in ein Sieb geben, mit heißem Wasser abspülen und abtropfen lassen.

4. Zwiebel und Knoblauch abziehen, in kleine Würfel schneiden. Olivenöl in einer Pfanne erhitzen, Butter darin zerlassen. Zwiebel- und Knoblauchwürfel darin andünsten. Tomaten hinzugeben und kurz mitdünsten lassen. Die Nudeln, den eingekochten Fond und 2–3 Esslöffel Crema di Balsamico hinzugeben. Mit Salz und Pfeffer würzen. Die Zutaten bei starker Hitze etwa 2 Minuten unter Rühren erhitzen. Rucola und Basilikumblättchen gut untermischen, mit Salz und Pfeffer abschmecken.

5. Von dem Frischkäse mit einem Löffel Nocken abstechen. Pasta mit den Frischkäsenocken auf Tellern anrichten. Nach Belieben mit etwas Crema di Balsamico beträufeln.

Tipps: Eine Crema di Balsamico können Sie auch selbst herstellen. Dafür Balsamico-Essig und Traubensaft im Verhältnis 1 : 1, z. B. 500 ml (½ l) Traubensaft (hell oder dunkel) und 500 ml (½ l) Balsamico-Essig in einem Topf verrühren, zum Kochen bringen und etwa 30 Minuten bei schwacher Hitze einkochen lassen, bis die Flüssigkeit anfängt, leicht dicklich zu werden, erkalten lassen. Die Crema wird während des Erkaltens noch etwas dickflüssiger.

Crema di Balsamico ist auch toll zum Aromatisieren von Desserts (z. B. Erdbeeren oder Mascarponecreme, Feigen mit Käse usw.) oder Salaten.

Zubereitungszeit: 20 Minuten

4 Portionen • Pro Portion:
E: 23 g, F: 54 g, Kh: 42 g, kJ: 3109, kcal: 740, BE: 3,5

Tortellini mit Walnusskernen
Raffiniert – aromatisch

Zutaten: 5 l Wasser • 175 g Walnusskerne • 2–3 Knoblauchzehen •
2–3 Stängel frischer Majoran oder 1 TL gerebelter Majoran •
5 gestr. TL Salz • 500 g grüne Tortellini, z. B. mit Spinatfüllung •
2 EL Olivenöl • 150 g Schlagsahne • 100 ml Gemüsebrühe •
30 g frisch ger. Parmesan • Salz • gem. Pfeffer

1. Wasser in einem großen Topf zugedeckt zum Kochen bringen.
125 g der Walnusskerne in einem Mixer grob pürieren. Knoblauch abziehen und in feine Würfel schneiden. Majoranstängel abspülen und
trocken tupfen. Die Blättchen von den Stängeln zupfen.

2. Salz und Tortellini ins kochende Wasser geben. Die Tortellini im geöffneten Topf bei mittlerer Hitze nach Packungsanleitung bissfest garen,
dabei gelegentlich umrühren.

3. In der Zwischenzeit Olivenöl in einer Pfanne erhitzen. Knoblauchwürfel und ein Drittel der Majoranblättchen darin andünsten. Gehackte
und ganze Walnusskerne hinzufügen, kurz miterhitzen. Sahne und
Brühe hinzugießen, unterrühren und erhitzen. Parmesan ebenfalls unterrühren. Die Sauce mit Salz und Pfeffer abschmecken.

4. Tortellini in ein Sieb geben, mit heißem Wasser abspülen und tropfnass in eine vorgewärmte Schüssel geben. Die Walnusssauce darauf-
geben und vorsichtig unter die Tortellini mischen. Tortellini mit Walnusskernen auf Tellern anrichten und mit den restlichen Majoranblättchen
bestreuen. Sofort servieren.

Tipp: Sie können statt der
Schlagsahne die gleiche Menge
Crème fraîche oder Frischkäse
verwenden.

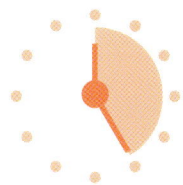

4 Portionen • Pro Portion:
E: 26 g, F: 31 g, Kh: 97 g, kJ: 3254, kcal: 778, BE: 8,0

Makkaroni mit Schafskäsesauce
Für Gäste – beliebt

Zutaten: 5 l Wasser • 2 Zwiebeln • 2 Knoblauchzehen • 2 EL Olivenöl •
1 EL Weizenmehl • 150 ml heiße Gemüsebrühe • 150 g Schlagsahne •
5 gestr. TL Salz • 500 g Makkaroni • 1 rote Paprikaschote •
200 g milder Schafskäse • 1 Bund Petersilie • Salz • gem. Pfeffer •
evtl. 1 TL Zaziki-Gewürz

1. Wasser in einem großen Topf zugedeckt zum Kochen bringen.
Zwiebeln und Knoblauch abziehen, in kleine Würfel schneiden. Olivenöl
in einem Topf erhitzen. Zwiebel- und Knoblauchwürfel darin andünsten.
Mit Mehl bestäuben und kurz mitdünsten lassen. Brühe und Sahne
hinzugießen, mit einem Schneebesen durchschlagen. Dabei darauf
achten, dass keine Klümpchen entstehen. Die Sauce unter Rühren kurz
aufkochen lassen.

2. Salz und Makkaroni ins kochende Wasser geben. Die Makkaroni im
geöffneten Topf bei mittlerer Hitze nach Packungsanleitung bissfest
garen, dabei gelegentlich umrühren.

3. Paprikaschote halbieren, entstielen, entkernen und die weißen Scheidewände entfernen. Schotenhälften abspülen, abtropfen lassen und in
kleine Würfel schneiden. Paprikawürfel unter die Sauce rühren, nochmals
aufkochen und etwa 3 Minuten bei schwacher Hitze kochen lassen.

4. Schafskäse in etwa 1 cm große Würfel schneiden. Petersilie abspülen
und trocken tupfen. Die Blättchen von den Stängeln zupfen. Blättchen
klein schneiden.

5. Schafskäsewürfel und Petersilie in die Sauce geben. Die Sauce mit
Salz, Pfeffer und nach Belieben mit Zaziki-Gewürz abschmecken.

6. Die garen Makkaroni in ein Sieb geben, mit heißem Wasser abspülen
und abtropfen lassen. Makkaroni mit der Schafskäsesauce vermischen,
auf Tellern anrichten und sofort servieren.

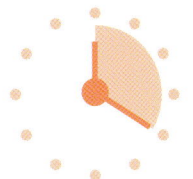

4 Portionen • Pro Portion:
E: 11 g, F: 24 g, Kh: 40 g, kJ: 1733, kcal: 416, BE: 3,0

Milde Thai-Nudeln
Würzig – exotisch

Zutaten: 2 Knoblauchzehen • 2 EL Speiseöl, z. B. Sojaöl •
1–2 TL Thai-Currypaste (aus dem Glas, erhältlich im Asialaden) •
400 ml Kokosmilch (aus der Dose) • 400 g Brokkoli • 1 Bund
Frühlingszwiebeln • 150 g rosé Champignons • 1 rote Paprikaschote
(etwa 200 g) • Salz • gem. Pfeffer • 125 g Cocktailtomaten •
150 g Instant Asia-Mie-Nudeln (aus Weizenmehl) • etwas Sojasauce

1. Knoblauch abziehen, in Scheiben schneiden. Öl in einer sehr großen
Pfanne erhitzen. Knoblauch darin andünsten. Currypaste hinzugeben,
unter Rühren kurz mit andünsten. Mit Kokosmilch ablöschen, unter Rühren zum Kochen bringen, etwa 2 Minuten kochen lassen.

2. Von dem Brokkoli die Blätter entfernen. Brokkoli in Röschen teilen,
die dicken Stiele schälen und klein schneiden. Brokkoliröschen und
-stiele abspülen und trocken tupfen. Frühlingszwiebeln putzen, abspülen, abtropfen lassen und in Stücke schneiden. Champignons putzen,
evtl. kurz abspülen und gut trocken tupfen. Große Pilze halbieren.

3. Paprikaschote halbieren, entstielen, entkernen und die weißen Scheidewände entfernen. Schotenhälften abspülen, trocken tupfen und in
feine Streifen schneiden. Tomaten abspülen, trocken tupfen, halbieren
und die Stängelansätze herausschneiden.

4. Brokkoliröschen, -stiele, Frühlingszwiebelstücke, Champignons
und Paprikastreifen zum Kokosfond in die Pfanne geben. Mit Salz und
Pfeffer würzen, zum Kochen bringen und etwa 5 Minuten bei schwacher
Hitze kochen lassen.

5. In der Zwischenzeit Instant-Nudeln in eine große Schüssel geben. Mit
kochendem Wasser übergießen und zugedeckt nach Packungsanleitung gar ziehen lassen.

(Fortsetzung auf Seite 53)

Tipp: Zum Würzen benötigen
Sie nicht unbedingt die Thai-
Currypaste. Schmecken Sie den
Kokosfond stattdessen kräftig mit
Sojasauce, Pfeffer und evtl. etwas
Chili ab.

(Fortsetzung von Seite 51)

6. Die Kokos-Gemüse-Sauce nochmals mit Salz und Pfeffer abschmecken. Tomatenhälften hinzugeben und kurz aufkochen lassen. Die garen Nudeln durchrühren, in einem Sieb gut abtropfen lassen, zur Kokos-Gemüse-Sauce geben und vermischen. Nochmals kurz erhitzen. Die Thai-Nudeln mit Sojasauce abschmecken und nach Belieben in der Pfanne servieren.

Zubereitungszeit: 25 Minuten

4 Portionen • Pro Portion:
E: 21 g, F: 28 g, Kh: 75 g, kJ: 2666, kcal: 638, BE: 6,0

Spaghetti mit Ajwar-Zucchini-Sauce
Für Gäste – würziger Gaumenschmaus

Zutaten: 4 l Wasser • 300 g Zucchini • 1 Zwiebel • 2 Knoblauchzehen • 2–3 Stängel frischer oder ½ TL gerebelter Thymian • 4 gestr. TL Salz • 400 g Spaghetti • 4 EL Olivenöl • 4 geh. TL Ajwar (Paprikamus aus dem Glas) • 125 g Schlagsahne • 125 ml (⅛ l) Gemüsebrühe • Salz • gem. Pfeffer • 80 g frisch gehobelter Parmesan • einige Basilikumblättchen

Tipps: Ajwar ist eine Paprika-Gemüse-Zubereitung. Sie besteht aus Gemüsepaprika, Auberginen, Speiseöl, Peperoni und Gewürzen. Man bekommt sie in Lebensmittelläden. Sie können stattdessen auch 600 g rote Paprikaschoten etwa 5 Minuten in kochendes Wasser geben und anschließend die Schale abziehen. Etwa 200 g Auberginen halbieren und im vorgeheizten Backofen bei Ober-/Unterhitze: etwa 200 °C, Heißluft: etwa 180 °C etwa 30 Minuten backen. Anschließend die Aubergine schälen. Das Auberginenfruchtfleisch mit den Paprikaschoten, Olivenöl, Salz, Pfeffer und Paprikapulver fein hacken.

1. Wasser in einem großen Topf zugedeckt zum Kochen bringen. In der Zwischenzeit Zucchini abspülen, abtrocknen und die Enden abschneiden. Zucchini auf einer Haushaltsreibe grob raspeln. Zwiebel und Knoblauch abziehen, in kleine Würfel schneiden. Thymianstängel abspülen und trocken tupfen. Die Blättchen von den Stängeln zupfen.

2. Salz und Nudeln ins kochende Wasser geben. Die Nudeln im geöffneten Topf bei mittlerer Hitze nach Packungsanleitung bissfest garen, dabei gelegentlich umrühren.

3. Olivenöl in einer Pfanne erhitzen. Zwiebelwürfel und Thymianblättchen darin andünsten. Zucchiniraspel hinzugeben und unter Rühren mitdünsten lassen. Knoblauchwürfel und Ajwar hinzufügen. Sahne und Brühe hinzugießen. Die Sauce unter Rühren aufkochen lassen. Mit Salz und Pfeffer würzen und etwas sämig einkochen lassen.

4. Die garen Nudeln in ein Sieb geben, mit heißem Wasser abspülen und abtropfen lassen. Die Nudeln in eine vorgewärmte Schüssel geben, mit der Sauce und dem gehobelten Parmesan anrichten.

Zubereitungszeit: 20 Minuten

4 Portionen • Pro Portion:
E: 20 g, F: 27 g, Kh: 78 g, kJ: 2794, kcal: 668, BE: 6,5

Ruote mit Limettensahne
Mit Alkohol – für Gäste

Zutaten: 4 l Wasser • 2 Bio-Limetten (unbehandelt, ungewachst) •
4 gestr. TL Salz • 400 g Ruote (Rädernudeln) • 2 EL Butter oder
Margarine • 2 EL Zwiebelwürfel (frisch oder TK) • 1 EL brauner Zucker •
150 ml trockener Weißwein • 100 ml Gemüsebrühe • 150 g Schlagsahne • Salz • gem. Pfeffer • 1 EL klein geschnittene Dillspitzen (frisch
oder TK) • 75 g frisch ger. Pecorino oder Parmesan

1. Wasser in einem großen Topf zugedeckt zum Kochen bringen. Die Li-
metten heiß abwaschen und abtrocknen. Die Schale mit einem scharfen
Messer so dünn abschneiden, dass die weiße Haut nicht entfernt wird.
Limettenschale in feine Streifen schneiden. Limetten halbieren und den
Saft auspressen.

2. Salz und Nudeln ins kochende Wasser geben. Die Nudeln im geöffneten Topf bei mittlerer Hitze nach Packungsanleitung bissfest garen,
dabei gelegentlich umrühren.

3. In der Zwischenzeit Butter oder Margarine in einem Topf zerlassen.
Die Zwiebelwürfel darin glasig dünsten. Limettenstreifen (einige Streifen zum Garnieren beiseitelegen) hinzufügen und mit andünsten. Mit
Zucker bestreuen und schmelzen lassen. Wein und Brühe hinzugießen,
zum Kochen bringen und etwa um die Hälfte einkochen lassen. Sahne
unterrühren und nochmals aufkochen lassen. Mit Salz und Pfeffer abschmecken. Dill unterrühren.

4. Die garen Nudeln in ein Sieb geben, mit heißem Wasser abspülen
und abtropfen lassen. Die Nudeln mit der Limettensahne vermischen
und auf Tellern anrichten. Mit Parmesan, beiseitegelegten Limettenstreifen und nach Belieben mit abgespülten und trocken getupften
Dillspitzen garniert servieren.

Tipps: Auch ganz köstlich:
Nudeln und Sauce vermischen,
in eine Gratinform oder feuerfeste
Teller (gefettet) geben. Mit Pecorino oder Parmesan bestreuen und
unter dem vorgeheizten Grill etwa
5 Minuten überbacken (Foto). Der
Wein kann durch Gemüsebrühe
ersetzt werden.

Zubereitungszeit: 25 Minuten

4 Portionen • Pro Portion:
E: 23 g, F: 20 g, Kh: 102 g, kJ: 2897, kcal: 691, BE: 8,5

Spaghetti mit bunter Olivensauce
Würziger Genuss

Zutaten: 5 l Wasser • 50 g Pinienkerne • 2 Zwiebeln • 2 Knoblauch-zehen • 2–3 Frühlingszwiebeln • 100 g entsteinte, schwarze Oliven • 5 gestr. TL Salz • 500 g Spaghetti • 3 EL Olivenöl • 175 g TK-Suppen-grün • 1–2 EL Tomatenmark • Paprikapulver edelsüß • 800 g Pizza-Tomaten (aus der Dose) • Salz • 1 Prise Zucker • Cayennepfeffer • evtl. etwas gehobelter Parmesan

1. Wasser in einem großen Topf zugedeckt zum Kochen bringen. In der Zwischenzeit Pinienkerne in einer Pfanne ohne Fett unter Rühren hellbraun rösten, herausnehmen und auf einem Teller abkühlen lassen. Zwiebeln und Knoblauch abziehen. Zwiebeln klein wurfeln. Frühlings-zwiebeln putzen, abspülen, abtropfen lassen und in kleine Stücke schneiden. Oliven abtropfen lassen, evtl. halbieren.

2. Salz und Nudeln ins kochende Wasser geben. Die Nudeln im ge-öffneten Topf bei mittlerer Hitze nach Packungsanleitung bissfest garen, dabei gelegentlich umrühren.

3. Olivenöl in einem Topf erhitzen. Zwiebelwürfel darin andünsten, Knoblauch durch eine Knoblauchpresse drücken und hinzugeben. Gefrorenes Suppengrün und Tomatenmark hinzufügen und unter Rühren mitdünsten lassen. Mit Paprika würzen.

4. Tomaten mit dem Saft zum Suppengrün in den Topf geben und gut verrühren. Die Sauce unter Rühren aufkochen und ohne Deckel etwa 10 Minuten bei schwacher Hitze sämig einkochen lassen, dabei ge-legentlich umrühren.

5. Die garen Nudeln in ein Sieb geben, mit heißem Wasser abspülen und abtropfen lassen. Oliven in die Sauce geben und kurz erhitzen. Die Sauce mit Salz, Zucker und Cayennepfeffer abschmecken.

6. Die Nudeln mit der Olivensauce in einer vorgewärmten Schüssel mischen, in Tellern anrichten und mit Pinienkernen bestreuen. Nach Belieben mit gehobeltem Parmesan bestreut servieren.

Zubereitungszeit: 20 Minuten

4 Portionen • Pro Portion:
E: 20 g, F: 34 g, Kh: 55 g, kJ: 2569, kcal: 613, BE: 4,0

Tortellini mit Gemüse
Pikant

Zutaten: etwa 4 l Wasser • 1 Bund Frühlingszwiebeln • 40 g Butter •
150 g Schlagsahne • Salz • gem. Pfeffer • 250 g Zuckerschoten •
500 g frische Tortellini, z. B. mit Käse-Spinat-Füllung (aus dem Kühlregal) •
etwa 4 TL Salz • 12 Cocktailtomaten • 100 g Gorgonzola •
6 Salbeiblättchen • 8 Walnusskernhälften

1. Wasser in einem großen Topf zugedeckt zum Kochen bringen. Die
Frühlingszwiebeln putzen, abspülen, abtropfen lassen und in etwa 1 cm
dicke Scheiben schneiden. Butter in einem Topf zerlassen. Frühlingszwiebelscheiben darin andünsten, Sahne hinzugießen, mit etwas Salz
und Pfeffer würzen.

2. Von den Zuckerschoten die Enden abschneiden, evtl. abfädeln.
Zuckerschoten abspülen, abtropfen lassen, in die Sahnemischung
geben, zum Kochen bringen und etwa 3 Minuten kochen lassen.

3. In der Zwischenzeit Tortellini mit dem Salz ins kochende Wasser geben und nach Packungsanleitung erhitzen. Tomaten abspülen, trocken
tupfen und evtl. die Stängelansätze herausschneiden.

4. Gorgonzola evtl. entrinden, in Würfel schneiden und in der Gemüsesauce unter Rühren schmelzen lassen. Tomaten hinzufügen. Mit Salz
und Pfeffer abschmecken. Salbeiblättchen abspülen und trocken tupfen.
Die Blättchen klein schneiden und unter die Gemüsesauce rühren.

5. Tortellini in ein Sieb geben, mit heißem Wasser abspülen und abtropfen lassen. Tortellini vorsichtig unter die Gemüsesauce heben und
nochmals kurz erhitzen. Walnusskernhälften fein hacken. Tortellini mit
dem Gemüse auf Tellern anrichten. Mit den gehackten Walnusskernhälften bestreut servieren.

Tipp: Sie können den Gorgonzola
durch einen milden geraspelten
Schnittkäse, z.B. Butterkäse er-
setzen.

Zubereitungszeit: 20 Minuten

4 Portionen • Pro Portion:
E: 19 g, F: 16 g, Kh: 81 g, kJ: 2319, kcal: 555, BE: 6,5

Bandnudeln mit Rucola und getrockneten Tomaten
Beliebt – tolles Sommeressen

Zutaten: 4 l Wasser • 200 g Rucola (Rauke) • 120 g getrocknete Tomaten in Öl • 2 Zwiebeln • 2 Knoblauchzehen • 4 gestr. TL Salz • 400 g breite Bandnudeln, z. B. Tagliatelle • 40 g Pinienkerne • Salz • gem. Pfeffer

1. Wasser in einem großen Topf zugedeckt zum Kochen bringen. Rucola putzen und die groben Stiele abschneiden. Rucola abspülen und trocken tupfen. Die Tomaten in einem Sieb etwas abtropfen lassen, dabei das Öl auffangen. Tomaten in Streifen schneiden. Zwiebeln und Knoblauch abziehen, in kleine Würfel schneiden.

2. Salz und Nudeln ins kochende Wasser geben. Die Nudeln im geöffneten Topf bei mittlerer Hitze nach Packungsanleitung bissfest garen, dabei gelegentlich umrühren.

3. In der Zwischenzeit 3 Esslöffel des aufgefangenen Tomatenöls in einer großen Pfanne erhitzen. Zwiebel- und Knoblauchwürfel darin andünsten. Pinienkerne hinzugeben und unter Rühren mitbräunen lassen. Tomatenstreifen unterrühren.

4. Rucola in Stücke zupfen und kurz mit in der Pfanne erwärmen. Mit Salz und Pfeffer abschmecken.

5. Die Nudeln in ein Sieb geben, mit heißem Wasser abspülen und abtropfen lassen. Die Nudeln in eine vorgewärmte Schüssel geben, mit der Rucola-Tomaten-Mischung vermengen und nochmals mit Salz und Pfeffer abschmecken, sofort servieren.

Tipp: Wer es etwas pikanter mag, bestreut die fertige Pasta mit etwas zerbröseltem Gorgonzola.

Zubereitungszeit: 20 Minuten

4 Portionen • Pro Portion:
E: 22 g, F: 23 g, Kh: 75 g, kJ: 2504, kcal: 599, BE: 6,0

Pasta Caprese
Klassisch – sommerliches Gästeessen

Zutaten: 4 l Wasser • 400 g Tomaten • 200 g Mozzarella • 75 g schwarze Oliven, ohne Stein • ½ Bund oder ½ Töpfchen Basilikum • 4 gestr. TL Salz • 400 g Spiralnudeln, z. B. Spirelli • 3 EL Olivenöl • 1 Knoblauchzehe • Salz • gem. Pfeffer

1. Wasser in einem großen Topf zugedeckt zum Kochen bringen. In der Zwischenzeit Tomaten abspülen, trocken tupfen, halbieren und die Stängelansätze herausschneiden. Tomatenhälften in Würfel schneiden. Mozzarella abtropfen lassen und ebenfalls in kleine Würfel schneiden. Oliven abtropfen lassen und halbieren. Basilikum abspülen und trocken tupfen. Die Blättchen von den Stängeln zupfen.

2. Salz und Nudeln ins kochende Wasser geben. Die Nudeln im geöffneten Topf bei mittlerer Hitze nach Packungsanleitung bissfest garen, dabei gelegentlich umrühren.

3. In der Zwischenzeit Olivenöl in einem Topf erhitzen. Knoblauch abziehen, durch eine Knoblauchpresse drücken und in dem erhitzten Olivenöl unter Rühren kurz anbraten. Tomatenwürfel hinzugeben und kurz erhitzen.

4. Die Nudeln in ein Sieb geben, mit heißem Wasser abspülen und tropfnass zu den Tomatenwürfeln in den Topf geben. Oliven hinzufügen. Mit Salz und Pfeffer würzen. Die Zutaten vorsichtig vermischen.

5. Pasta Caprese mit Mozzarellawürfeln und Basilikumblättchen in vorgewärmten Schälchen anrichten, sofort servieren.

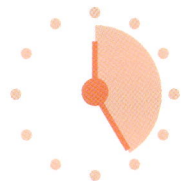

Zubereitungszeit: 25 Minuten

4 Portionen • Pro Portion:
E: 15 g, F: 13 g, Kh: 49 g, kJ: 1629, kcal: 389, BE: 3,0

Knoblauchspätzle mit grünem Spargel
Mit Alkohol

Zutaten: 400 g dünner, grüner Spargel (frisch oder TK) • 2 Bund Frühlingszwiebeln • 2 Fleischtomaten (je etwa 150 g) • 2 Knoblauchzehen • 3 EL Olivenöl • 100 ml Gemüsebrühe • 100 ml Weißwein oder Gemüsebrühe • 500 g frische Spätzle (aus dem Kühlregal) • Salz • gem. Pfeffer • 50 g frisch gehobelter Parmesan

1. Von dem frischen Spargel das untere Drittel schälen und die unteren Enden abschneiden. Spargel abspülen und abtropfen lassen. Frühlingszwiebeln putzen, abspülen und abtropfen lassen. Spargel und Frühlingszwiebeln in etwa 3 cm lange Stücke schneiden. Tomaten abspülen, trocken tupfen und die Stängelansätze herausschneiden. Tomaten grob würfeln. Knoblauch abziehen und in kleine Würfel schneiden.

2. Olivenöl in einer großen Pfanne erhitzen. Knoblauchwürfel darin andünsten. Spargelstücke hinzugeben und kurz unter Rühren anbraten. Mit Wein oder Brühe ablöschen und zum Kochen bringen. Die Spargelstücke etwa 4 Minuten bei schwacher Hitze kochen lassen.

3. Dann Spätzle und Frühlingszwiebelstücke hinzugeben und unter Rühren erhitzen. Tomatenwürfel vorsichtig unterheben.

4. Die Knoblauchspätzle mit Salz und Pfeffer würzen, auf Tellern anrichten und mit Parmesan bestreut servieren.

Tipp: Außerhalb der Saison lässt sich das Rezept auch prima mit TK-Prinzessbohnen oder abgetropften Prinzessbohnen (aus der Dose) zubereiten.

Zubereitungszeit: 20 Minuten

4 Portionen • Pro Portion:
E: 14 g, F: 13 g, Kh: 79 g, kJ: 2058, kcal: 491, BE: 6,5

Bandnudeln mit Salsa picante
Raffiniert – preiswert

Zutaten: 4 l Wasser • 2 Knoblauchzehen • 1 Zwiebel • 2 Peperoncini (getrocknete Chilis) • 3 EL Olivenöl • 500 g passierte Tomaten (aus der Dose) • Salz • gem. Pfeffer • 2 EL italienische TK-Kräuter oder etwa 1 TL getrocknete italienische Kräuter • Zucker • 4 gestr. TL Salz • 400 g grüne Bandnudeln • 10 grüne Oliven, ohne Stein • 10 schwarze Oliven, ohne Stein • 3 EL Kapern (aus dem Glas) • evtl. einige Oregano-blättchen

1. Wasser in einem großen Topf zugedeckt zum Kochen bringen. In der Zwischenzeit für die Sauce Knoblauch und Zwiebel abziehen. Die Zwiebel in kleine Würfel schneiden. Die Peperoncini zerreiben.

2. Zwei Esslöffel des Olivenöls in einem Topf erhitzen. Zwiebelwürfel und Peperoncini darin andünsten. Knoblauch durch eine Knoblauchpresse drücken und unterrühren. Die passierten Tomaten hinzugeben und unter Rühren aufkochen. Mit Salz, Pfeffer, italienischen Kräutern und Zucker würzen. Die Sauce 8–10 Minuten ohne Deckel kochen lassen.

3. Salz und Nudeln ins kochende Wasser geben. Die Nudeln im ge-öffneten Topf bei mittlerer Hitze nach Packungsanleitung bissfest garen, dabei gelegentlich umrühren.

4. In der Zwischenzeit Oliven und Kapern abtropfen lassen. Oliven halbieren. Restliches Olivenöl in einer kleinen Pfanne erhitzen. Olivenhälften und Kapern darin erhitzen. (Vorsicht, kann spritzen!)

5. Die Nudeln in ein Sieb geben, mit heißem Wasser abspülen und abtropfen lassen. Die Sauce nochmals mit Salz, Pfeffer und Zucker abschmecken.

6. Die Bandnudeln mit der Sauce auf einer vorgewärmten Platte anrichten. Mit Olivenhälften und Kapern bestreuen. Nach Belieben mit abgespülten und trocken getupften Oreganoblättchen garnieren.

Tipp: Nach Belieben zusätzlich mit einigen Sardellenfilets, Karpernäpfeln oder gehobelten Haselnusskernen garnieren.

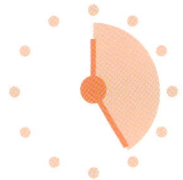

Zubereitungszeit: 25 Minuten

4 Portionen • Pro Portion:
E: 28 g, F: 23 g, Kh: 97 g, kJ: 2977, kcal: 711, BE: 7,5

Tagliatelle mit Spargel
Einfach

Zutaten: 5 l Wasser • 700 g grüner Spargel • 60 g getrocknete Tomaten in Öl • 1 Zwiebel • 2 Knoblauchzehen • 5 gestr. TL Salz • 500 g Tagliatelle (Bandnudeln) • 30 g Pinienkerne • ½ Bund Basilikum • Salz • gem. Pfeffer • 80 g frisch gehobelter Parmesan

1. Wasser in einem großen Topf zugedeckt zum Kochen bringen. Von dem Spargel die unteren Enden abschneiden. Den Spargel in etwa 3 cm große Stücke schneiden. Tomaten abtropfen lassen, das Tomatenöl auffangen und 4 Esslöffel abmessen. Tomaten in Streifen schneiden. Zwiebel und Knoblauch abziehen, in kleine Würfel schneiden.

2. Salz und Nudeln ins kochende Wasser geben. Die Nudeln im geöffneten Topf bei mittlerer Hitze nach Packungsanleitung bissfest garen, dabei gelegentlich umrühren.

3. Pinienkerne in einer großen Pfanne ohne Fett unter Rühren anrösten, herausnehmen, auf einen Teller legen und beiseitestellen. Aufgefangenes Tomatenöl in der Pfanne erhitzen. Knoblauch- und Zwiebelwürfel darin glasig dünsten. Spargelstücke hinzugeben und unter mehrmaligem Wenden zugedeckt etwa 4 Minuten braten. Tomatenstreifen hinzugeben und weitere etwa 2 Minuten bei schwacher Hitze mitdünsten lassen.

4. Basilikum abspülen und trocken tupfen. Die Blättchen von den Stängeln zupfen. Blättchen klein schneiden und unter das Spargel-Tomaten-Gemüse heben. Mit Salz und Pfeffer würzen.

5. Die garen Nudeln in ein Sieb geben, mit heißem Wasser abspülen und abtropfen lassen. Die Nudeln auf vorgewärmten Tellern anrichten. Das Spargel-Tomaten-Gemüse und die Pinienkerne darauf verteilen. Mit gehobeltem Parmesan bestreuen, sofort servieren.

Tipp: Zusätzlich noch 2–3 hart gekochte, in Würfel geschnittene Eier unter das Spargel-Tomaten-Gemüse heben.

4 Portionen • Pro Portion:
E: 33 g, F: 25 g, Kh: 56 g, kJ: 2462, kcal: 589, BE: 4,5

Spaghetti-Erbsen-Frittata
Preiswert

Zutaten: 2 ½ l Wasser • 2 ½ gestr. TL Salz • 250 g Spaghetti • 1 Zwiebel • 2 EL Speiseöl • 125 g magere Schinkenwürfel (aus dem Kühlregal) • 150 g TK-Erbsen • 5 Eier (Größe M) • 150 ml Milch • Salz • gem. Pfeffer
Für den Frischkäse-Dip: 200 g Tomaten • 175 g Rahm-Frischkäse • 1 Knoblauchzehe • evtl. frisches Basilikum oder frische Petersilie

1. Wasser in einem großen Topf zugedeckt zum Kochen bringen. Dann Salz und Nudeln hinzugeben. Die Nudeln im geöffneten Topf bei mittlerer Hitze nach Packungsanleitung bissfest garen, dabei gelegentlich umrühren.

2. In der Zwischenzeit Zwiebel abziehen und in kleine Würfel schneiden. Speiseöl in einer großen Pfanne erhitzen. Zwiebelwürfel darin glasig dünsten. Schinkenwürfel und die gefrorenen Erbsen hinzugeben, kurz mit andünsten.

3. Die garen Nudeln in ein Sieb geben, mit heißem Wasser abspülen und abtropfen lassen. Die Nudeln zu der Zwiebel-Erbsen-Schinken-Masse in die Pfanne geben und gut vermischen.

4. Eier mit Milch verschlagen, mit Salz und Pfeffer würzen. Die Eiermilch auf der Nudelmasse verteilen und zugedeckt etwa 10 Minuten bei schwacher Hitze stocken lassen.

5. In der Zwischenzeit für den Frischkäse-Dip Tomaten abspülen, trocken tupfen, halbieren und die Stängelansätze herausschneiden. Tomatenhälften evtl. entkernen und in kleine Würfel schneiden. Frischkäse in eine Schüssel geben, mit Salz und Pfeffer würzen. Knoblauch abziehen und durch eine Knoblauchpresse drücken. Die Tomatenwürfel und den Knoblauch unter den Frischkäse heben.

6. Spaghetti-Frittata auf einen großen Teller stürzen, in Portionsstücke teilen und mit dem Frischkäse-Dip anrichten. Nach Belieben mit abgespülten und trocken getupften Kräuterblättchen garnieren.

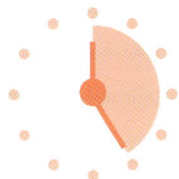

Zubereitungszeit: 25 Minuten

4 Portionen • Pro Portion:
E: 22 g, F: 18 g, Kh: 85 g, kJ: 2498, kcal: 598, BE: 7,0

Spirelli mit Brokkoli und Speckstreifen
Beliebt

Zutaten: 4 l Wasser • 75 g magerer Frühstücksspeck, in feinen Scheiben (Bacon) • 1 Zwiebel • 500 g TK-Brokkoliröschen (oder frische Brokkoliröschen) • 150 ml Gemüsebrühe • 150 g Schlagsahne • Salz • gem. Pfeffer • 4 gestr. TL Salz • 400 g Spiralnudeln, z. B. Spirelli • 2–3 EL heller Saucenbinder • 2 Tomaten

1. Wasser in einem großen Topf zugedeckt zum Kochen bringen. In der Zwischenzeit Speckscheiben in feine Streifen schneiden und in einem großen Topf knusprig ausbraten. Speckstreifen herausnehmen und auf Küchenpapier abtropfen lassen. Zwiebel abziehen, in kleine Würfel schneiden und in dem Speckfett glasig dünsten.

2. Die gefrorenen Brokkoliröschen zu den Zwiebelwürfeln in den Topf geben und kurz mit andünsten. Brühe und Sahne hinzugießen, mit Salz und Pfeffer würzen, zum Kochen bringen. Die Brokkoliröschen zugedeckt etwa 5 Minuten bei schwacher Hitze garen.

3. In der Zwischenzeit Salz und Nudeln ins kochende Wasser geben. Die Nudeln im geöffneten Topf bei mittlerer Hitze nach Packungsanleitung bissfest garen, dabei gelegentlich umrühren.

4. Brokkoliröschen mit einer Schaumkelle aus der Brühe nehmen und kurz warm stellen. Den Saucenbinder in die Brokkolibrühe rühren und unter Rühren aufkochen lassen. Mit Salz und Pfeffer abschmecken.

5. Die garen Nudeln in ein Sieb geben, mit heißem Wasser abspülen und abtropfen lassen. Die Nudeln mit der Sauce vermischen, mit den Speckstreifen auf Tellern anrichten.

6. Tomaten abspülen, abtrocknen, halbieren und die Stängelansätze herausschneiden. Tomatenhälften in kleine Würfel schneiden und auf dem Pasta-Gericht verteilen.

Tipps: Verwenden Sie statt frischem Gemüse TK-Brokkoli. Große Vorratspackungen, aus denen das Gemüse nach Bedarf portionsweise entnommen werden kann, sind preisgünstiger.

Zubereitungszeit: 20 Minuten

4 Portionen • Pro Portion:
E: 33 g, F: 30 g, Kh: 85 g, kJ: 3134, kcal: 749, BE: 7,0

Bandnudeln mit Schinken und Erbsen
Einfach

Zutaten: 4 l Wasser • 1 Zwiebel • 50 g Butter • 300 g TK-Erbsen •
Salz • gem. Pfeffer • 100 g Schlagsahne • 100 ml Gemüsebrühe •
4 gestr. TL Salz • 400 g Bandnudeln • 150 g magerer Kochschinken •
100 g Rahm-Frischkäse • 1 geh. TL Weizenmehl •
ger. Muskatnuss • 30 g frisch ger. Parmesan

1. Wasser in einem großen Topf zugedeckt zum Kochen bringen.

2. In der Zwischenzeit Zwiebel abziehen und in kleine Würfel schneiden. Butter in einem Topf zerlassen. Zwiebelwürfel darin leicht bräunen.
Gefrorene Erbsen hinzufügen. Mit Salz und Pfeffer würzen. Sahne und
Brühe hinzugießen, zum Kochen bringen. Die Erbsen zugedeckt etwa
10 Minuten bei schwacher Hitze garen.

3. Salz und Nudeln ins kochende Wasser geben. Die Nudeln im geöffneten Topf bei mittlerer Hitze nach Packungsanleitung bissfest garen,
dabei gelegentlich umrühren.

4. In der Zwischenzeit Schinken in feine Streifen schneiden und kurz vor
Ende der Garzeit unter die Erbsen mischen. Frischkäse, 4–5 Esslöffel
des Nudel-Kochwassers und Mehl in einer kleinen Schale glatt verrühren.

5. Angerührten Frischkäse unter die Erbsen-Schinken-Masse rühren
und unter Rühren kurz aufkochen lassen. Die Sauce mit Salz, Pfeffer
und Muskat abschmecken.

6. Die garen Nudeln in ein Sieb geben, mit heißem Wasser abspülen
und abtropfen lassen.

7. Die Nudeln in eine vorgewärmte Schüssel geben. Die Erbsen-
Schinken-Sauce darauf verteilen und mit Parmesan bestreuen, sofort
servieren.

Tipp: Probieren Sie das Gericht
mal mit einem milden Blauschim-
melkäse statt des Frischkäses.

4 Portionen • Pro Portion:
E: 41 g, F: 22 g, Kh: 88 g, kJ: 3027, kcal: 724, BE: 7,5

Spirelli mit Puten-Schnitzelchen
Gut vorzubereiten

Zutaten: 400 g Putenschnitzel • Salz • gem. Pfeffer • 2–3 TL Gyros-Gewürz • 3 geh. EL Weizenmehl • 240 g abgetropfte Aprikosenhälften (aus der Dose) • 3 ½–4 l Wasser • 3 ½–4 gestr. TL Salz • 350–400 g Nudeln, z. B. Spirelli • 3 EL Speiseöl, z. B. Rapsöl • 3 EL TK-Zwiebel-würfel • 150 g Schlagsahne • 250 ml (¼ l) heiße Gemüsebrühe • 150 g TK-Erbsen

1. Die Putenschnitzel kurz unter fließendem kalten Wasser abspülen, gut trocken tupfen und in 8 gleich große Stücke (je etwa 50 g) schneiden. Mit Salz, Pfeffer und Gyros-Gewürz würzen. Die Fleischstücke (Schnitzelchen) in Mehl wenden, überschüssiges Mehl abklopfen. Aprikosenhälften in Spalten schneiden.

2. Wasser in einem großen Topf zugedeckt zum Kochen bringen. Dann Salz und Nudeln hinzugeben. Die Nudeln im geöffneten Topf bei mittlerer Hitze nach Packungsanleitung bissfest garen, dabei gelegentlich umrühren.

3. In der Zwischenzeit Speiseöl in einer Pfanne erhitzen. Die Schnitzelchen darin von beiden Seiten etwa 4 Minuten kross anbraten. Zwiebelwürfel hinzugeben und glasig dünsten.

4. Die Schnitzelchen aus der Pfanne nehmen und kurz warm stellen. Den Bratensatz mit Sahne und Brühe ablöschen und kräftig aufkochen.

5. Die gefrorenen Erbsen in die Sauce geben, mit Salz und Pfeffer würzen. Die Sauce etwa 2 Minuten kochen lassen.

6. Aprikosenspalten in die Sauce geben, wieder zum Kochen bringen und nochmals etwa 1 Minute kochen lassen. Schnitzelchen in die Sauce legen und kurz erhitzen.

7. Die garen Nudeln in ein Sieb geben, mit heißem Wasser abspülen und abtropfen lassen. Die Nudeln mit der Sauce und den Schnitzelchen auf Tellern anrichten.

Tipp: Statt der fertigen Gyros-Gewürzmischung können Sie auch ein mildes Currypulver verwenden.

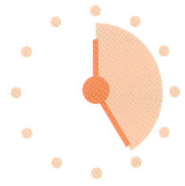

Zubereitungszeit: 25 Minuten
Überbackzeit: etwa 20 Minuten

4 Portionen • Pro Portion:
E: 35 g, F: 40 g, Kh: 71 g, kJ: 3269, kcal: 783, BE: 6,0

Gratinierte Blitz-Ravioli
Für Überraschungs-Gäste

Zutaten: 800 g frische Ravioli (aus dem Kühlregal, mit Fleisch- oder Käsefüllung) • 125 g TK-Erbsen • 200 g Cocktailtomaten • 100 g Kochschinken ohne Fettrand, in Scheiben • Salz • gem. Pfeffer • 250 ml (¼ l) Sauce Hollandaise (Fertigprodukt aus dem Tetrapak) • 150 ml Milch • ger. Muskatnuss • evtl. 3–4 Stängel Basilikum • 100 g ger. Emmentaler

1. Den Backofen vorheizen.
Ober-/Unterhitze: etwa 220 °C
Heißluft: etwa 200 °C

2. Ravioli und die gefrorenen Erbsen in einer großen, flachen Auflaufform mischen.

3. Tomaten abspülen, trocken tupfen, halbieren und die Stängelansätze herausschneiden. Schinkenscheiben in Streifen schneiden. Tomatenhälften und Schinkenstreifen auf der Ravioli-Erbsen-Mischung verteilen. Mit etwas Salz und Pfeffer würzen.

4. Die Sauce Hollandaise mit Milch glatt rühren. Mit etwas Salz, Pfeffer und Muskat würzen. Die Sauce auf die Zutaten träufeln.

5. Basilikum abspülen und trocken tupfen. Die Blättchen von den Stängeln zupfen. Blättchen klein schneiden. Die Zutaten mit Basilikum bestreuen und den Käse darauf verteilen.

Tipps: Blitz-Ravioli können Sie auch mit anderen Nudeln, z. B. Taglitatelle, Spaghetti oder Tortellini, zubereiten.

Wählen Sie eine möglichst große, flache Form, damit alle Zutaten schnell erhitzen und gleichmäßig durchgaren.

6. Die Form auf dem Rost in den vorgeheizten Backofen schieben. Die Ravioli etwa 20 Minuten goldbraun überbacken.

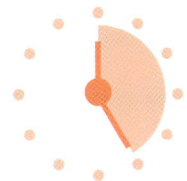

Zubereitungszeit: 25 Minuten

4 Portionen • Pro Portion:
E: 28 g, F: 35 g, Kh: 77 g, kJ: 3082, kcal: 737, BE: 6,5

Rigatoni-Pfanne mit Bratwurstklößchen
Würziger Genuss

Zutaten: 3 l Wasser • 2 Zwiebeln • 50 g geräucherter, durchwachsener Speck • 250 g Champignons • 1 EL Speiseöl • 300 g ungebrühte Kalbs- oder feine Schweinebratwürste • 350 g TK-Erbsen-Möhren-Gemüse • Salz • gem. Pfeffer • ger. Muskatnuss • 100 g Schlagsahne • 250 ml (¼ l) Gemüsebrühe • 3 gestr. TL Salz • 350 g Rigatoni (Röhrennudeln) • 2–3 EL heller Saucenbinder • 3 EL gehackte Petersilie (frisch oder TK)

1. Wasser in einem großen Topf zugedeckt zum Kochen bringen. In der Zwischenzeit Zwiebeln abziehen und in kleine Würfel schneiden. Speck ebenfalls klein würfeln. Champignons putzen, evtl. kurz abspülen, trocken tupfen, halbieren oder vierteln.

2. Speiseöl in einer großen Pfanne erhitzen. Speckwürfel darin anbraten. Aus den Bratwürsten die Bratwurstmasse so herausdrücken, dass kleine Klößchen entstehen, evtl. rund formen und zu den Speckwürfeln in die Pfanne geben. Die Klößchen von allen Seiten anbraten. Klößchen und Speckwürfel aus der Pfanne nehmen und beiseitestellen.

3. Zwiebelwürfel in dem verbliebenen Bratfett andünsten. Champignonstücke und das gefrorene Gemüse hinzugeben, unter Rühren kurz anbraten. Mit Salz, Pfeffer und Muskat würzen. Sahne und Brühe hinzugießen, zum Kochen bringen und 5–6 Minuten kochen lassen.

4. In der Zwischenzeit Salz und Nudeln ins kochende Wasser geben. Die Nudeln im geöffneten Topf bei mittlerer Hitze nach Packungsanleitung bissfest garen, dabei gelegentlich umrühren.

5. Brätklößchen und Speckwürfel zum Gemüse geben, wieder zum Kochen bringen und weitere 2–3 Minuten mitkochen lassen. Die Flüssigkeit mit Saucenbinder verrühren und unter Rühren kurz aufkochen lassen.

6. Die garen Nudeln in ein Sieb geben, mit heißem Wasser abspülen, abtropfen lassen und unter die Klößchen-Gemüse-Sauce heben. Mit Salz und Pfeffer abschmecken. Die Rigatoni-Pfanne anrichten, mit Petersilie bestreuen und sofort servieren.

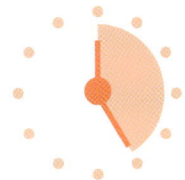

Zubereitungszeit: 25 Minuten

4 Portionen • Pro Portion:
E: 18 g, F: 11 g, Kh: 88 g, kJ: 2210, kcal: 528, BE: 7,0

Spaghetti mit milder Paprikasauce
Gut vorzubereiten

Zutaten: 4 l Wasser • 2 große, rote Paprikaschoten (etwa 500 g) •
1 Zwiebel • 2 Knoblauchzehen • 2 EL Olivenöl • 1 ½ EL brauner Zucker
oder flüssiger Honig • 150 ml passierte Tomaten (aus der Dose) • 100 ml
milder Apfelsaft • Salz • gem. Pfeffer • 3 EL Basilikum, in feinen Streifen
(frisch oder TK) • 4 gestr. TL Salz • 400 g Spaghetti • 50 g frisch ger.
Parmesan

1. Wasser in einem großen Topf zugedeckt zum Kochen bringen. In der
Zwischenzeit Paprikaschoten halbieren, entstielen, entkernen und die
weißen Scheidewände entfernen. Schotenhälften abspülen, abtropfen
lassen und evtl. mit einem Sparschäler schälen. Schotenhälften in kleine
Würfel schneiden. Zwiebel und Knoblauch abziehen, in kleine Würfel
schneiden.

2. Olivenöl in einem Topf erhitzen. Zwiebel- und Knoblauchwürfel darin
glasig dünsten. Mit Zucker bestreuen oder mit Honig beträufeln und bei
mittlerer Hitze karamellisieren lassen. Paprikawürfel hinzugeben und
etwa 2 Minuten unter Rühren dünsten. Passierte Tomaten und Apfelsaft
hinzugeben, zum Kochen bringen. Mit Salz und Pfeffer würzen. Die
Zutaten zugedeckt etwa 10 Minuten bei schwacher Hitze kochen lassen.

3. In der Zwischenzeit Salz und Nudeln ins kochende Wasser geben.
Die Nudeln im geöffneten Topf bei mittlerer Hitze nach Packungsanleitung bissfest garen, dabei gelegentlich umrühren.

4. Die garen Nudeln in ein Sieb geben, mit heißem Wasser abspülen
und abtropfen lassen.

5. Die Basilikumstreifen unter die Sauce rühren, nochmals mit Salz,
Pfeffer und Zucker oder Honig abschmecken. Die Nudeln in vorgewärmten, tiefen Tellern anrichten. Die Paprikasauce darauf verteilen.
Mit Parmesan bestreuen und sofort servieren.

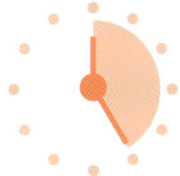

Zubereitungszeit: 25 Minuten

4 Portionen • Pro Portion:
E: 31 g, F: 42 g, Kh: 73 g, kJ: 3319, kcal: 793, BE: 6,0

Pizza-Nudel-Pfanne
Preiswert

Zutaten: 2–3 frische Bratwürste (etwa 300 g) • 1 EL Olivenöl • 2 EL Butter • 2–3 TL Pizzagewürz • 2 EL TK-Zwiebelwürfel • 1 Knoblauch-zehe • 1 TL brauner Zucker • 1 Lorbeerblatt • 400 g stückige Tomaten (aus Dose oder Tetrapak) • Salz • gem. Pfeffer • 3½–4 l Wasser • 3½–4 gestr. TL Salz • 350–400 g Pasta, z. B. Mini-Conchiglie, Mini-Pipe Rigate • 200 g Mozzarella • ½ Bund oder Töpfchen Basilikum

1. Wurstbrät aus der Pelle drücken und in kleine Klößchen formen. Olivenöl in einem Topf oder einer Pfanne erhitzen. 1 Esslöffel der Butter hinzugeben und zerlassen. Die Klößchen darin von allen Seiten braun anbraten. Mit Pizzagewürz bestreuen und kurz mit anrösten. Klößchen herausnehmen und warm stellen.

2. Restliche Butter in dem verbliebenen Bratfett in dem Topf oder der Pfanne zerlassen. Zwiebelwürfel darin glasig dünsten. Knoblauch durch eine Knoblauchpresse drücken und kurz mitdünsten lassen. Mit Zucker bestreuen und Lorbeerblatt hinzufügen. Die Zutaten etwa 1 Minute karamellisieren lassen. Stückige Tomaten mit dem Saft hinzugeben, mit Salz und Pfeffer würzen, zum Kochen bringen und etwa 10 Minuten bei schwacher Hitze kochen lassen.

3. In der Zwischenzeit Wasser in einem großen Topf zugedeckt zum Kochen bringen. Dann Salz und Nudeln hinzugeben. Die Nudeln im ge-öffneten Topf bei mittlerer Hitze nach Packungsanleitung bissfest garen, dabei gelegentlich umrühren.

4. Mozzarella in einem Sieb abtropfen lassen, in feine Würfel schneiden. Basilikum abspülen und trocken tupfen. Die Blättchen von den Stängeln zupfen.

5. Die garen Nudeln in ein Sieb geben, mit heißem Wasser abspülen und abtropfen lassen. Die Nudeln mit der Tomatensauce mischen. Die warm gestellten Bratklößchen unterheben. Die Nudeln mit den Mozza-rellawürfeln und Basilikumblättchen anrichten.

Tipp: Statt der Brätklößchen 150–200 g Kochschinken in Strei-fen unter die Nudeln mischen.

Zubereitungszeit: 20 Minuten

4 Portionen • Pro Portion:
E: 26 g, F: 37 g, Kh: 66 g, kJ: 2933, kcal: 701, BE: 5,5

Spirelli-Topf mit Rauchenden
Super einfach – beliebt

Zutaten: 2 Zwiebeln • 20 g Butter • 1 EL Tomatenmark • 350 g Spirelli (Spiralnudeln) • 750 ml (¾ l) Gemüsebrühe • 250 ml (¼ l) Tomaten- oder Gemüsesaft (aus Tetrapak oder Flasche) • 4 Rauchenden (Mettwürstchen) • Salz • gem. Pfeffer • 1 Prise Zucker

1. Zwiebeln abziehen und in kleine Würfel schneiden. Butter in einem Topf oder einer hohen Pfanne zerlassen. Die Zwiebelwürfel darin andünsten. Tomatenmark unterrühren und kurz mitdünsten lassen. Nudeln hinzufügen.

2. Die Brühe und den Tomaten- oder Gemüsesaft hinzugießen, unter Rühren zum Kochen bringen und etwa 10 Minuten bei mittlerer Hitze unter gelegentlichem Rühren kochen lassen.

3. In der Zwischenzeit die Rauchenden in Scheiben schneiden und unter den Spirelli-Topf rühren. Mit Salz, Pfeffer und Zucker abschmecken. Den Spirelli-Topf noch etwa 5 Minuten ziehen lassen.

Tipp: Servieren Sie dazu für Kinder eine schnelle, beliebte Vitamin-Rohkost aus geraspelten Möhren, Äpfeln, Apfelsaft und etwas Honig.

Statt der Rauchenden können Sie auch Kochschinken oder Kasseler in Streifen im Spirelli-Topf miterwärmen.

Zubereitungszeit: 20 Minuten

4 Portionen • Pro Portion:
E: 19 g, F: 22 g, Kh: 79 g, kJ: 2473, kcal: 593, BE: 6,5

Nudel-Gemüse-Pfanne mit Champignons
Einfach

Zutaten: 4 l Wasser • 1 Zwiebel • je 1 rote und grüne Paprikaschote •
4 gestr. TL Salz • 400 g Nudeln, z. B. Penne • 3 EL Olivenöl • 250 g
TK-Champignonscheiben • 150 g Crème fraîche • 150 ml Milch • Salz •
gem. Pfeffer • mildes Currypulver • 2 EL Schnittlauchröllchen (frisch
oder TK)

1. Wasser in einem großen Topf zugedeckt zum Kochen bringen. In der
Zwischenzeit Zwiebel abziehen und in kleine Würfel schneiden. Paprikaschoten halbieren, entstielen, entkernen und die weißen Scheidewände
entfernen. Schotenhälften abspülen, abtropfen lassen und in kleine
Würfel schneiden.

2. Salz und Nudeln ins kochende Wasser geben. Die Nudeln im geöffneten Topf bei mittlerer Hitze nach Packungsanleitung bissfest garen,
dabei gelegentlich umrühren.

3. In der Zwischenzeit Olivenöl in einer Pfanne erhitzen. Zwiebelwürfel
darin andünsten. Paprikawürfel hinzufügen und kurz mitdünsten lassen.
Die gefrorenen Champignonscheiben hinzufügen und bei starker Hitze
unter Wenden etwa 3 Minuten anbraten.

4. Die garen Nudeln in ein Sieb geben, mit heißem Wasser abspülen
und abtropfen lassen. Crème fraîche mit Milch verschlagen, unter das
angebratene Gemüse rühren und leicht erhitzen. Dann Nudeln hinzugeben und nochmals kurz erhitzen.

5. Die Nudel-Gemüse-Pfanne mit Salz, Pfeffer und 1 Prise Curry abschmecken, auf Tellern anrichten und mit Schnittlauchröllchen bestreut
servieren.

Tipps: In den Wintermonaten
lohnt es sich, die preiswerteren
Paprikastreifen aus der Tief-
kühltruhe zu verwenden. Statt
TK-Champignonscheiben können
Sie auch frische, geputzte und
in Scheiben geschnittene Cham-
pignons oder gut abgetropfte
Champignonscheiben aus der
Dose verwenden.

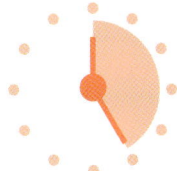

Zubereitungszeit: 25 Minuten

4 Portionen • Pro Portion:
E: 38 g, F: 19 g, Kh: 79 g, kJ: 2682, kcal: 643, BE: 6,0

Linguine mit milder Erdnusssauce
Exotisch – nussig im Geschmack

Zutaten: 4 l Wasser • 350 g Schweinefilet • 1 EL Sojaöl • 2 Knoblauchzehen • 100 g ungesüßtes Erdnussmus (aus dem Glas) • 250 ml (¼ l) Gemüsebrühe • Salz • gem. Pfeffer • 4 gestr. TL Salz • 400 g Linguine (dünne Bandnudeln) • 1 Bund Frühlingszwiebeln

1. Wasser in einem großen Topf zugedeckt zum Kochen bringen. Schweinefilet mit Küchenpapier trocken tupfen und in etwa 1 cm kleine Würfel schneiden. Sojaöl in einer großen Pfanne erhitzen. Die Fleischwürfel darin in 2–3 Portionen von allen Seiten knusprig anbraten.

2. Knoblauch abziehen, in kleine Würfel schneiden, zu den Fleischwürfeln geben und mit anbraten. Erdnussmus unterrühren, Brühe hinzugießen, mit Salz und Pfeffer würzen. Die Sauce zum Kochen bringen und etwas einkochen lassen.

3. Salz und Nudeln ins kochende Wasser geben. Die Nudeln im geöffneten Topf bei mittlerer Hitze nach Packungsanleitung bissfest garen, dabei gelegentlich umrühren.

4. Frühlingszwiebeln putzen, abspülen, abtropfen lassen, in feine Scheiben schneiden, in die Sauce geben und kurz mitkochen lassen. Die Sauce nochmals mit Salz abschmecken.

5. Die garen Nudeln in ein Sieb geben, mit heißem Wasser abspülen und abtropfen lassen. Linguine mit der Erdnusssauce in Schüsseln anrichten und sofort servieren.

Tipp: Wenn Sie dieses Gericht etwas würziger mögen, können Sie die Sauce zusätzlich mit geriebenem, frischen Ingwer und etwas Chili leicht scharf abschmecken.

Zubereitungszeit: 20 Minuten

4 Portionen • Pro Portion:
E: 19 g, F: 29 g, Kh: 47 g, kJ: 2182, kcal: 522, BE: 4,0

Nudeltopf mit Cabanossi
Einfach – würzig

Zutaten: 1 Zwiebel • 250 g Cabanossi • 4 EL Tomatenmark • 1 l Gemüsebrühe • 250 g Spiralnudeln (Spirelli) • 3 EL Basilikum, in feinen Streifen (frisch oder TK) • Salz • gem. Pfeffer • evtl. einige Basilikumblättchen

1. Zwiebel abziehen und in kleine Würfel schneiden. Cabanossi in Scheiben schneiden und in einem Topf kurz von beiden Seiten anbraten, sodass etwas Fett austritt. Cabanossischeiben herausnehmen und kurz beiseitestellen.

2. Zwiebelwürfel in dem Bratfett (Cabanossifett) andünsten. Tomatenmark unterrühren und kurz mitdünsten lassen. Brühe hinzugießen und unter Rühren zum Kochen bringen. Nudeln hinzugeben, zum Kochen bringen und etwa 10 Minuten bei mittlerer Hitze unter gelegentlichem Rühren gar kochen.

3. Beiseitegestellte Cabanossischeiben in den Nudeltopf geben und nochmals kurz erhitzen. Basilikumstreifen unterrühren. Den Nudeltopf mit Salz und Pfeffer würzen. Nach Belieben mit abgespülten und trocken getupften Basilikumblättchen garnieren. Sofort servieren.

Tipps: Das Gericht darf nicht zu stark kochen, da die Nudeln in wenig Flüssigkeit gegart werden und leicht am Topfboden ansetzen. Der Nudeltopf sollte auch sofort serviert werden, da die Nudeln noch nachgaren.

Statt der Cabanossi können auch Mettwürstchen oder Rauchenden verwendet werden.

Wer es lieber vegetarisch mag, kann auch statt der Wurst 2 in Würfel geschnittene Tomaten oder auch 250 g TK-Brokkoliröschen mit in den Nudeltopf geben und das Gericht zusätzlich mit geriebenem Parmesan bestreut servieren.

Kapitelregister

Alphabetisches Register

Allgemeine Hinweise zu den Rezepten

Die Vorbereitung

Lesen Sie bitte vor der Zubereitung – besser noch vor dem Einkaufen – das Rezept einmal vollständig durch. Oft werden Arbeitsabläufe oder Zusammenhänge dann klarer.

Die Zubereitungszeit

Die Zubereitungszeit dient Ihrer Orientierung. Sie ist ein Richtwert und abhängig von Ihrer Kocherfahrung. Die Zubereitungszeit beinhaltet die Zeit der tatsächlichen Zubereitung. Wartezeiten, wie Auftau- und Durchziehzeiten sind, sofern parallel keine weitere Tätigkeit erfolgt, nicht in der Zubereitungszeit enthalten.

Die Gartemperatur und Garzeit

Die in den Rezepten angegebenen Gartemperaturen und -zeiten sind Richtwerte, die je nach individueller Hitzeleistung des Backofens über- oder unterschritten werden können. Bitte beachten Sie bei der Einstellung des Backofens die Gebrauchsanleitung des Herstellers. Ein Backofenthermometer eignet sich dabei gut, um die Backofentemperatur im Blick zu haben.

Die Nährwerte

Die Nährwerte sind auf die Einzelportionen bezogen. Die Portionszahl ist in jedem Rezept angegeben.

Die Abkürzungen

EL	= Esslöffel	ger.	= gerieben
TL	= Teelöffel	gestr.	= gestrichen
Msp.	= Messerspitze	TK	= Tiefkühlprodukt
Pck.	= Packung/Päckchen	°C	= Grad Celsius
g	= Gramm	Ø	= Durchmesser
kg	= Kilogramm	E	= Eiweiß
ml	= Milliliter	F	= Fett
l	= Liter	Kh	= Kohlenhydrate
evtl.	= eventuell	kJ	= Kilojoule
geh.	= gehäuft	kcal	= Kilokalorien
gem.	= gemahlen	BE	= Broteinheiten

Für Fragen, Vorschläge oder Anregungen stehen Ihnen der Verbraucherservice der Dr. Oetker Versuchsküche Telefon: 0 08 00 71 72 73 74 Mo.–Fr. 8:00–18:00 Uhr, Sa. 9:00–15:00 Uhr (gebührenfrei in Deutschland) oder die Mitarbeiter des Dr. Oetker Verlages Telefon: +49 (0) 521 52 06 50 Mo.–Fr. 9:00–15:00 Uhr zur Verfügung. Schreiben Sie uns: Dr. Oetker Verlag KG, Am Bach 11, 33602 Bielefeld oder besuchen Sie uns im Internet unter www.oetker-verlag.de

Umwelthinweis	Dieses Buch und der Einband wurden auf chlorfrei gebleichtem Papier gedruckt. Die Einschrumpffolie – zum Schutz vor Verschmutzung – ist aus umweltfreundlichem und recyclingfähigem PE-Material.
Copyright	© 2011 by Dr. Oetker Verlag KG, Bielefeld
Redaktion	Carola Reich, Annette Riesenberg
Titelfoto	Thomas Diercks, Hamburg
Innenfotos	Thomas Diercks, Hamburg (S. 24, 46, 52, 54, 56, 60, 62, 66, 74, 80, 82, 86, 92) Ulrich Kopp, Sindelfingen (S. 72, 88) Antje Plewinski, Berlin (S. 32) Hans-Joachim Schmidt, Hamburg (S. 22, 36, 40, 48, 64, 68, 90) Norbert Toelle, Bielefeld (S. 20) Brigitte Wegner, Bielefeld (S. 58) Winkler-Studios, Bremen (S. 4, 6, 8, 9, 10, 11, 12, 13, 14, 15, 16, 17, 18, 26, 28, 30, 34, 38, 42, 44, 50, 70, 76, 78, 84)
Foodstyling	Claudia Seifert, Hamburg
Rezeptentwicklung und -beratung	Susanne Raht, Hamburg
Nährwertberechnungen	Nutri Service, Hennef
Grafisches Konzept Gestaltung Titelgestaltung	kontur:design, Bielefeld kontur:design, Bielefeld kontur:design, Bielefeld
Satz Reproduktionen Druck und Bindung	kontur:design, Bielefeld Otterbach Medien KG GmbH und Co., Rastatt Druckerei Stürtz, Würzburg

ISBN 978-3-7670-0850-2